Schleswig-Holstein
SPIELEND ENTDECKEN

Ingken Wehrmeyer

Schleswig-Holstein
SPIELEND
ENTDECKEN

Herausgegeben von der
Tourismus-Agentur Schleswig-Holstein (tash)

Illustrationen von Iris Blanck

Wachholtz

Alle Rechte, auch die des auszugsweisen Nachdrucks,
insbesondere für Vervielfältigungen, der Einspeicherung
und Verarbeitung in elektronischen Systemen sowie
der photomechanischen Wiedergabe und Übersetzung
vorbehalten.

ISBN 978-3-529-05435-8

2012 Wachholtz Verlag, Neumünster

6	Einleitung
9	Viele Wege führen nach Föhr
12	Schleswig-Holstein – Land zwischen den Meeren
18	Ein Heuler allein am Strand
24	Die Nordsee und das Watt
28	Wie fange ich einen Krebs?
29	Ebbe und Flut: Warum verschwindet das Meer?
30	Sturmflut: Landunter auf den Halligen
32	Rezept Knerken
33	Auf Spurensuche!
34	Nordseequiz
35	Der geheimnisvolle Stein
40	Bernstein-Fieber
41	Wassersport: Wellen, Wind und „Waterkant"
44	Rezept Fiete's Fischburger
45	Bastelanleitung: Ein buntes Windrad für die Strandburg
46	Welcher Stein ist das?
48	Schmuck aus Strandfunden
50	Leuchttürme an Nordsee und Ostsee
53	Versuch macht klug! Wärme fühlen…
55	Das magische Schwert
60	Das Wikinger Museum in Haithabu
63	Finde den Schatz der Wikinger
64	Landesmuseum Schloss Gottorf
66	Das Leben auf dem Bauernhof
67	Übernachte einmal ungewöhnlich
68	Erdbeeren, Kirschen und Himbeeren selbst pflücken: lecker!
69	Rezept Rote Grütze mit Waffeln
70	Herrenhäuser und Schlösser in Schleswig-Holstein
72	Erlebniswald Trappenkamp
74	Arche Wader
76	Das Tier-Kreuzworträtsel
77	Ausmalbild
78	Ein Storch in Gefahr
82	Der kürzeste Weg zwischen Nordsee und Ostsee
83	Die Landeshauptstadt Kiel
84	Der verlorene Pirat von Eckernförde
88	Piraten in Schleswig-Holstein
91	Lübeck und die Hanse
93	Marzipanschweinchen selbstgemacht
94	Lübeckquiz
95	Die Vampire vom Kalkberg
96	Das Fledermaus-Suchspiel
97	Karl-May-Spiele Bad Segeberg: Hilfe, Indianer!
98	Ein selbstgemachtes Indianerkostüm
100	Die gesalzene Fahrradtour
105	Herzogtum Lauenburg
106	Eulenspiegelstadt Mölln
107	Till Eulenspiegel Geschichte
108	Schleswig-Holstein Quiz
110	Anhang

Einleitung

Woher kommen die Spaghetti-Würmer im Watt? Was passiert, wenn ein Seestern seinen Arm verliert? Wo leben die Vampire von Segeberg? Wenn du die Antworten auf diese und weitere Fragen wissen möchtest, bist du hier genau richtig. „wunnerland*" ist der plattdeutsche Begriff für „Wunderland", aber das hast du dir bestimmt schon gedacht, „plietsch" wie du bist, oder? Übrigens: „plietsch" ist der norddeutsche Begriff für pfiffig, aufgeweckt, intelligent und schlau! Unterstützt werden **Nele** und **Nils** von der **Kuh Karla**, die perfekt plattdeutsch spricht und **Anna-Lena**, die einfach alles (besser) weiß. Mit dabei ist auch **Dennis**, der euch die leckersten Rezepte aus Schleswig-Holstein verrät und die tollsten Restaurants und Cafés kennt. **Robin** schließlich ist der Experte für die Natur und Ausflüge in Schleswig-Holstein.

Die beiden Kinder Nele und Nils begleiten dich auf deiner Reise durch das Wunnerland Schleswig-Holstein".

Hej, wir sind Nele und Nils und reisen mit dir gemeinsam durch Schleswig-Holstein.

Die Geschwister **Nele** und **Nils** kennen sich in Schleswig-Holstein super aus, denn sie leben hier und haben deshalb schon viele Ausflüge an die Nord- und Ostsee, in die Städte wie Lübeck und Schleswig und zu den Wäldern und Seen im Binnenland unternommen. **Sie wissen, wo es tolle Freizeitparks, die schönsten Strände, die besten Surfreviere und den leckersten Erdbeerkuchen gibt.** Die beiden haben viel Spaß dabei, immer wieder etwas Neues für euch zu entdecken und zeigen euch Schleswig-Holstein.

Name: *Nele*
Alter: *9*
Wohnort: *Kiel*
Geschwister: *Nils*
Lieblingsfarbe: *rot*
Lieblingstier: *Hund*
Später werde ich: *Tierärztin*
Was ich mag: *Ferien*
Was ich nicht mag: *Streit*

Name: *Nils*
Alter: *12*
Wohnort: *Kiel*
Geschwister: *Nele*
Lieblingsfarbe: *grün*
Lieblingstier: *Tiger*
Später werde ich: *Fußballprofi*
Was ich mag: *mich mit Freunden treffen*
Was ich nicht mag: *Langeweile*

Wie gut kennt ihr euch in Schleswig-Holstein aus? Findet es beim Lösen verschiedener Rätsel in diesem Buch heraus! Wenn ihr alle Rätsel gelöst habt, könnt ihr auf Seite 111 das gesuchte Wort einsetzen.

Viel Glück und viel Spaß wünschen euch

Nele und Nils.

Viele Wege führen nach Föhr

"Das kann doch nicht der richtige Weg sein", denkt Nils, der mit seinen Eltern und seiner Schwester Nele im Auto Richtung Dagebüll sitzt. "Geht es hier wirklich zur Fähre?", fragt er seinen Vater, der das Steuer des blauen Kombis hoch konzentriert lenkt. "Na klar sind wir richtig", erwidert er, "auf mein Navi ist Verlass." Wie zur Bestätigung ertönt die merkwürdig künstlich klingende Stimme des Navigationsgerätes, das vorne neben der Halterung für das Handy befestigt ist: "Nach 500 Metern rechts abbiegen." "Wir sind bestimmt bald da", meint seine Mutter, die gerade eine Packung mit Butterkeksen aus ihrer Tasche gefischt hat und den beiden Kindern nach hinten reicht: "Hier habt ihr etwas zur Stärkung, aber bitte nicht so viel krümeln." Nele und Nils freuen sich schon auf die Überfahrt mit der Fähre nach Föhr. Wie lange die Fahrt wohl noch dauert? Nils wischt sich mit einem kurzen Seitenblick auf seine Mutter die Krümel von seiner Jeans: "Beim letzten Mal sind wir aber eine andere Strecke gefahren." Sein Vater nickt: "Ja, das stimmt, Nils, aber da hatte ich ja auch noch nicht mein Navi. Jetzt sind wir viel schneller da, glaube mir." Der Vater von Nils und Nele ist technisch immer bestens ausgerüstet. Zuhause gibt es nicht nur einen Fernseher, sondern ein komplettes Multimedia-Center. Mit dem kann man Fernsehen, Fotos und Videos betrachten

und Musik hören. Theoretisch zumindest, denn es ist noch nicht alles installiert. Nils und Nele wohnen in Kiel direkt an der Kieler Förde, also in der Nähe der Ostsee. Um an die Nordsee zu kommen, müssen sie knapp einhundert Kilometer durch Schleswig-Holstein fahren, zum Teil auf der Autobahn, aber auch auf Landstraßen.

Eigentlich dauert die Fahrt gar nicht so lange, aber den beiden Kindern ist schon nach einer halben Stunde sehr langweilig. Nele nimmt eine Bürste aus ihrem lila Rucksack und kämmt sich ihr dunkelblondes Haar. Nils schüttelt den Kopf. Mädchen und ihre Haare! Stundenlang stehen sie vor dem Spiegel, probieren ständig neue Frisuren aus und sind dann trotzdem immer unzufrieden. Er schaut aus dem Fenster und lässt den Blick über die grünen Wiesen und Weiden schweifen, auf denen schwarzbunte Kühe friedlich in der Sonne dösen. Der Himmel ist hellblau und weiße Wolken haben sich zu dreidimensionalen Figuren aufgetürmt. Nils erkennt ein großes Schaf, einen grimmigen Zauberer und eine Wolke, die wie eine riesige Toilettenpapier-Rolle durch die Lüfte fliegt. Er nimmt sich noch einen Keks aus der Packung, als Nele ihn in die Seite knufft: „He Nils, guck mal, die Windräder!" Nils prustet los, fast verschluckt er sich an den Krümeln in seinem Mund. Nele klopft ihm freundschaftlich auf den Rücken. Tatsächlich: Fünf riesige Windräder stehen mitten auf einer Wiese, die riesigen Flügel drehen sich behäbig im Wind. Kaum zu glauben, dass bei diesem Tempo Strom erzeugt wird, denkt Nele und schlüpft in ihre rosarote Fleecejacke, die sie heute passend zu ihrer roten Leggings ausgewählt hat. Nils erinnert sich daran, dass er im Fernsehen einen Bericht über Windenergie in Schleswig-Holstein gesehen hat: „Wusstest du, dass es hier 2600 Windräder gibt?" Nele zuckt mit der Schulter: „Und was bedeutet das?"

„Na, das ist doch ganz schön viel", antwortet Nils, „und es sollen noch viel mehr werden. Die planen sogar..."

„Ja, ja", unterbricht ihn Nele, die verhindern will, dass er ihr jetzt wieder stundenlang einen seiner Schlaui-Vorträge hält, „da hinten ist die Nordsee!" Nils und Neles Vater verlässt die Hauptstraße, biegt rechts ab und fährt weiter auf einer sehr engen Straße, die direkt auf den Deich führt. Oben angekommen geht es plötzlich nicht weiter, ein Gatter versperrt den Weg. Auf der anderen Seite grasen ein Dutzend Schafe, die wie auf Kommando neugierig den Kopf heben. Da ertönt die knarrende Stimme des Navis: „Sie haben Ihr Ziel erreicht!" Nils Vater rauft sich verzweifelt die Haare: „Das glaube ich jetzt nicht!" Nele kichert: „Nun geht`s nur noch rückwärts." Nachdem Nils und Neles Vater im Rückwärtsgang wieder vom Deich runter gefahren ist, braust er los. Nach nur knapp zehn Minuten erreichen sie den Insel-Parkplatz, auf dem alle Passagiere der Fähren ihr Auto abstellen können. Ein Glück ist an der Schrankenanlage keine lange Schlange, und sie finden auch gleich einen Stellplatz. Alle greifen sich ihre Taschen und Rucksäcke: „Das schaffen wir nie", schreit Nils und Neles Mutter, „der Shuttlebus ist gerade weg, wir müssen laufen." Sie schultert ihre Tasche und spurtet los, gefolgt von ihrem Mann und den beiden Kindern. Atemlos erreichen sie den Hafen, wo die Fähre ein Glück noch abfahrbereit steht. Nils Mutter blickt auf die Uhr: „Wir haben noch sieben Minuten, vielleicht klappt es doch noch." Sie rennen zum Fahrkartengebäude auf der Mole, bestellen ihre Tickets und erreichen atemlos die Fähre. „Puh, das war aber in letzter Minute", meint Nele und hält dem Mann beim Eingang ihre Fahrkarte entgegen. Sie steigen die Treppe zum Deck hoch und sehen gerade noch, wie die Fähre langsam ablegt. Nils lässt sich erschöpft auf eine Bank sinken: „Jetzt kann es losgehen!"

Schleswig-Holstein – Land zwischen den Meeren

„Schleswig-Holstein meerumschlungen..." – so beginnt die Hymne von Schleswig-Holstein mit dem eher unbekannten Titel: „Wanke nicht, mein Vaterland". Hier im nördlichsten Bundesland gibt es tatsächlich zwei Meere: die Nord- und die Ostsee. Das ist in keinem anderen Bundesland so. Nordsee-Urlauber lieben die „steife Brise", die Ebbe und Flut, also das Kommen und Gehen des Wassers, im Wechsel alle sechs Stunden und die langen weißen Sandstrände.

Die Nordsee ist ein wildes Gewässer und macht zum Baden viel Spaß! Dabei muss immer auf die Strömungen geachtet werden. Dank der Rettungsschwimmer von der Deutschen Lebens-Rettungs-Gesellschaft (DLRG) ist für Sicherheit im Wasser und am Strand gesorgt.

Die wilde Nordsee!

Nele und Nils lieben die Nordsee, denn hier können sie stundenlang im Watt laufen, Krebse fangen, nach Steinen suchen, Wellenbaden und Surfen.

Viel Abwechslung, Spaß und Kultur erwarten dich an der Ostsee. Familien mit kleinen Kindern fühlen sich an den Stränden besonders wohl, denn es gibt keine Gezeiten, kaum Strömungen und meistens wenig Wellengang. Das Wetter ist nicht so rau wie an der Nordsee. Ein Sommertag an der Ostsee ist einfach wunderbar: **buddeln, baden, nach Steinen und Muscheln suchen, Beach-Volleyball spielen oder einfach nur faulenzen**. Nele und Nils halten hier immer Ausschau nach außergewöhnlichen Steinen für ihre Sammlung zu Hause, aber davon später mehr.

Die schönsten ostseePlätzchen* für Familien findet ihr auf **www.ostsee-plätzchen.de**. Wenn ihr vor Ort dieses Zeichen seht, wisst ihr: hier seid ihr richtig.

ostsee Plätzchen

Rettungsschwimmer im Einsatz

Rund 2000 Rettungsschwimmer aus ganz Deutschland melden sich jedes Jahr für die DLRG zum Wasserrettungsdienst an den Küsten und Binnengewässern Schleswig-Holsteins, um hier einen großen Teil ihrer Freizeit für die Sicherheit der Badegäste aufzubringen. Zusätzlich organisiert die DLRG noch spannende Veranstaltungen für Kinder, die Spaß machen und über sicheres Baden aufklären.

Möchtet ihr die Arbeit der DLRG unterstützen? Mit einer Strandpatenschaft könnt ihr Schleswig-Holsteins Strände und Badestellen sicherer machen! Die beiden ersten Strandpaten waren übrigens Nils und Nele, die vorbildlich eine Patenschaft für ihren Lieblingsstrand übernommen haben.

www.strandpaten.de

Deutschland

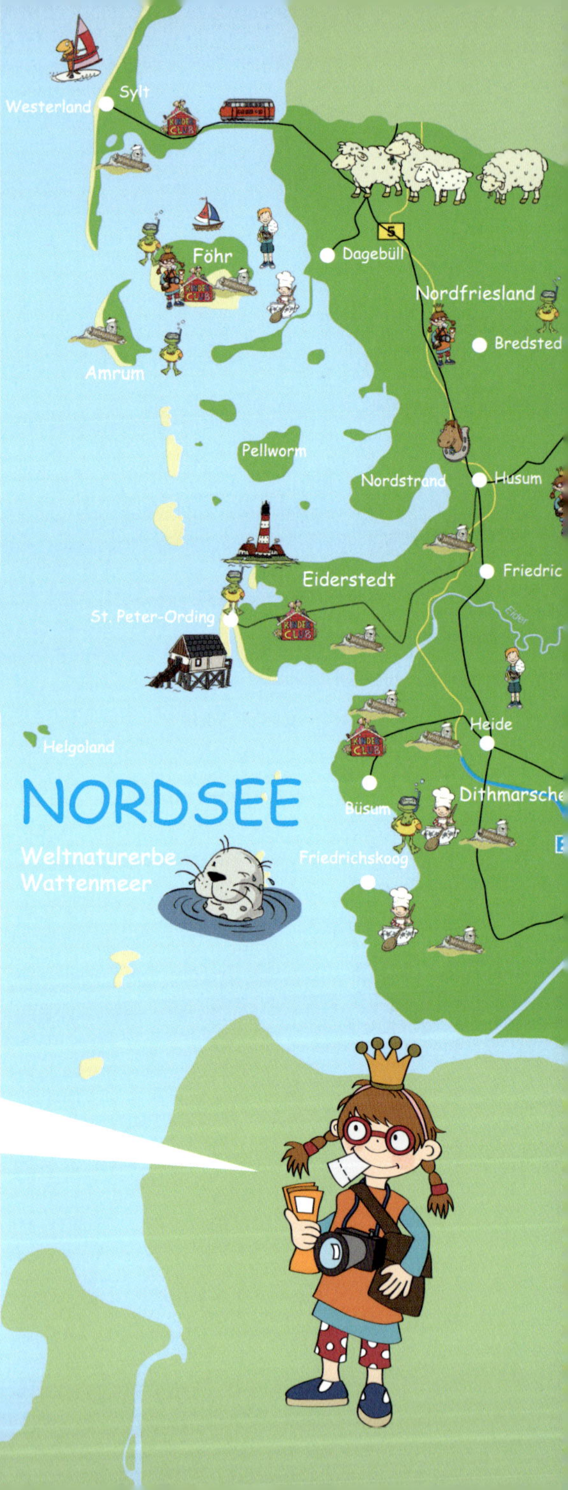

Auf der wunnerland*-Karte findet ihr alle Freizeit- und Kultureinrichtungen in Schleswig-Holstein, die euren Urlaub zum Erlebnis werden lassen. Wenn ihr wissen möchtet, was es alles zu entdecken gibt, schaut einfach auf www.wunnerland.de. Hier könnt ihr die Familien-Urlaubskarte bestellen oder euch direkt online umschauen – viel Spaß!

Ein Heuler allein am Strand

Nele schaut aus dem Dachfenster des reetgedeckten Ferienhauses: „Es stürmt noch immer", sagt sie zu ihrem Bruder Nils, der auf dem Bett liegt und liest. „Mmh", antwortet Nils geistesabwesend, denn offensichtlich ist er gerade in eine besonders spannende Stelle vertieft. Nele ist genervt, denn sie hat keine Lust mehr, im Haus zu bleiben, auch wenn das Wetter nicht so gut ist. „Hast du mir überhaupt zugehört? Ich gehe jetzt an den Strand. Kommst du mit?" Da ihr Bruder nicht antwortet, stampft sie aus dem Zimmer und die Treppe hinunter in den Wohnbereich des gemütlichen Friesenhauses. Ihre Eltern trinken gerade eine Tasse Tee und schauen von ihren dunkelblau bezogenen Sesseln aus dem Fenster zum Meer hinaus. Der ganze Wohnbereich und die angrenzende Küche sind im Friesenstil eingerichtet, mit einem Holztisch und vier Stühlen, einer Polstersitzecke und einer rustikalen Küche. Einfach nur sitzen und in die Ferne schauen! Was soll daran so spannend sein, denkt Nele und zieht sich ihre graue Regenjacke über: „Ich gehe kurz an den Strand!", sagt sie und öffnet die Haustür. „Alles klar", erwidert ihre Mutter, „aber nimm bitte dein Handy mit." Der Strand von Nieblum ist nur wenige Meter entfernt. Nele geht ein Stück die Straße hinunter, und schon ist sie da. Der Wind wirbelt ihre dunkelblonden Haare durcheinander, Mist, sie hätte sich einen Zopf binden sollen. Stattdessen zieht sie die Kapuze ihrer Regenjacke hoch und stopft die Haare darunter. Am Strand ist bei diesem Wetter nicht viel los. Nele läuft bis an die Wasserkante, als sie plötzlich das Gefühl hat, verfolgt zu werden. Jemand tippt ihr von hinten auf die Schulter, erschrocken blickt sie sich um: „Nils! Ich habe dich gar nicht gehört." Ihr Bruder schiebt sich seine blaue Mütze aus der Stirn: „Kein Wunder, du hast ja auch eine Kapuze auf!" Nils zieht den Reißverschluss seiner blauen Regenjacke hoch: „Ganz schön kalt heute." Die beiden Geschwister beschließen, am Wasser entlang bis zur Surfschule zu laufen. Seit zwei Tagen fegt ein Sturm über die Insel Föhr und treibt große Wellen an den Strand. Der Himmel ist grau, genau wie das Meer, so dass der Horizont kaum zu erkennen ist. Die beiden Kinder stiefeln los, den Blick auf den Sand gerichtet, denn die beiden lieben es, Steine und Muscheln zu suchen. Einige Meter vor der Surfschule sieht Nils etwas Dunkles liegen: „Guck mal Nele, ich glaube, da ist ein kleiner Seehund." Nele ist auf einmal ganz aufgeregt. Sie liebt Seehunde, besonders wenn sie noch ganz klein sind. Die beiden Geschwister nähern sich langsam dem Tier. „Wir dürfen nicht so nah heran gehen", meint Nils und zieht sein Fernglas aus der Tasche. „Tatsächlich", sagt er, „es ist ein kleiner Heuler, seine Mutter ist weit und breit nicht zu sehen."

Nils beobachtet mit seinem Fernglas das Jungtier. Der Seehund ist noch sehr klein und sieht auf den ersten Blick ziemlich schlapp aus.

Heuler – **so werden Seehundbabys genannt, die den Kontakt zu ihrer Mutter verloren haben. Sie geben klägliche Geräusche von sich, damit die Seehundmami sie doch noch findet. Wenn die Mutter sich nicht mehr blicken lässt, werden sie in der Aufzuchtstation Friedrichskoog aufgepäppelt und später ausgewildert.**

Seine großen runden Augen sind vor Angst geweitet und er blickt immer wieder unruhig zum Meer. Wahrscheinlich ist er von einer Sandbank weggerobbt, um seine Mutter zu suchen, die auf Fischfang war, und dann wurde er bei dem Sturm von einer Welle erfasst. „Wir müssen den Seehundjäger anrufen", sagt Nils schließlich und reicht seiner Schwester das Fernglas. „Bist du verrückt!", schreit sie, „du willst doch wohl nicht, dass der Seehund stirbt."

„Ein Seehundjäger tötet Heuler nur, wenn sie nicht mehr zu retten sind. Ansonsten bringt er die hilflosen Tiere zur Seehundaufzucht-Station!" Nele atmet erleichtert aus: „Ich dachte schon!" Sie kramt aus der Tasche ihrer Regenjacke ihr Handy hervor: „Hier, damit kannst du den Seehundjäger anrufen." Nils denkt für einen Moment nach. Wie soll er jetzt die Nummer dieses Mannes herausfinden? Wäre es nicht besser, einen Erwachsenen zu bitten, dies zu übernehmen? Aber dann fällt ihm die Nummer der Auskunft ein und er wird direkt mit dem Seehundjäger Willi Böckel verbunden, der genau zuhört und Nils mit seiner tiefen, knarrenden Stimme noch einige Fragen zum Standort des Heulers stellt. Er verspricht, in spätestens einer viertel Stunde vor Ort zu sein und ermahnt Nils, genügend Abstand zu halten: „Versucht ja nicht, den Heuler zurück ins Wasser zu treiben, okay?"

„Ja, selbstverständlich!", erwidert Nils und verabschiedet sich. Doch was ist das? „Gib mir mal das Fernglas!", fordert er seine Schwester auf. Nils ist entsetzt: Ein junger Mann mit grüner dicker Jacke steht nur einen Meter vom Heuler entfernt und fuchtelt mit den Armen, um den kleinen Seehund ins Wasser zurück zu scheuchen. „Was soll das denn?", schreit Nils und läuft los. Nele folgt ihm, obwohl sie gar nicht weiß, warum ihr Bruder so ausflippt. Nils ist eigentlich ein

eher ruhiger Typ und deshalb muss er etwas wirklich Schlimmes gesehen haben. Sie erreichen den Heuler und nun erkennt auch Nele den Mann. Er ist bestimmt älter als achtzehn und hat breite, kräftige Schultern. „Lassen Sie sofort den Seehund in Ruhe!", ruft Nils aufgeregt. Der Heuler ist schon fast im Wasser, aber der Mann lässt nicht locker und tritt mit dem Fuß nach dem Jungtier. Nils ist jetzt außer sich: „Sie spinnen wohl!" Der Kerl schaut die beiden Kinder belustigt aus wässerigen Augen an. Seine große Nase leuchtet rot und seine lockigen Haare stehen nach allen Richtungen ab. Ob der was getrunken hat?, denkt Nils. Der Mann macht eine abwehrende Handbewegung: „Was geht euch das an, macht euch vom Acker!"

„Was ist denn hier los?" Ein kleiner Mann im Parka und mit Gummistiefeln nähert sich in eiligem Schritttempo. Er hat seine Schirmmütze tief ins Gesicht gezogen und schleppt eine Sackkarre mit einem Plastikbehälter hinter sich her. „Das muss der Seehundjäger sein!", sagt Nils, „der kommt gerade noch rechtzeitig." Er dreht sich zu dem jungen Mann um, der im Laufschritt und mit eingezogenen Schultern Richtung Straße unterwegs ist. „Na, der macht sich wohl gerade aus dem Staub!", zischt Nils entrüstet.

„Habt ihr mich angerufen?" Der Seehundjäger ist ganz außer Atem. Er reicht den beiden Kindern die Hand: „Das habt ihr genau richtig gemacht." Nele und Nils erzählen ihm, was der junge

Mann getan hat. Der Seehundjäger runzelt die Stirn, so dass seine buschigen Augenbrauen nach oben wippen: „Den Kerl kenne ich, der macht immer so einen Blödsinn." Er zieht ein Taschentuch aus seiner Cordhose und schnäuzt sich ausgiebig: „Aber nun wollen wir uns erst einmal um unser Sorgenkind kümmern." Die drei entfernen sich von dem Seehund, denn Willi Böckel will das Tier erst einmal beobachten. „Immer Abstand halten, das ist ganz wichtig", erklärt er den Kindern, „dreißig Meter Minimum." Nils ruft kurz seine Mutter an, um ihr zu sagen, dass sie später zurückkommen. Denn nach Hause gehen wollen die Geschwister nun wirklich nicht. Über eine Stunde beobachtet der Seehundjäger den Heuler, aber die Mutter kommt nicht. Da das Tier sehr geschwächt aussieht, entschließt er sich, den Heuler mitzunehmen. Mit dem Handy informiert er die Seehundaufzucht-Station Friedrichskoog. Der Kleine soll mit der nächsten Fähre ans Festland gebracht werden. Dort wird ihn ein Mitarbeiter der Station abholen. Die Kinder dürfen den kleinen Karren mit dem Plastikbehälter zum Seehund ziehen. „Na, wen haben wir denn da?", begrüßt der Seehundjäger den Heuler wie einen alten Freund. Er stellt sich hinter den Seehund, greift sein Maul und öffnet es mit der Hand. Dann kontrolliert er die Augen des Tieres. „Der muss unbedingt etwas trinken", stellt er fest, packt das Tier mit beiden Händen und steckt es in das Behältnis. Der kleine Seehund streckt sogleich seinen Kopf über die Kante und versucht hinaus zu klettern. Der Seehundjäger drückt das kleine Tier sanft

zurück: „Du bleibst schön da drinnen." Nele und Nils dürfen den Heuler bis zum Auto von Willi Böckel ziehen. Der Seehundjäger öffnet den Kofferraum und stellt die Kiste hinein. Dann verabschiedet er sich schnell von den Kindern, denn in wenigen Minuten fährt die Fähre los. Nele und Nils winken hinterher, traurig, dass „ihr Seehund" jetzt weg ist, aber auch froh, dass sie dem Heuler helfen konnten.

Kinder-Uni Föhr: Jedes Jahr erhalten Kinder Einblicke in die wissenschaftliche Welt der Universität. Wissenschaftler und Professoren halten in den Sommermonaten Juli und August z.B. spannende Vorlesungen über das Wattenmeer. Mehr Infos unter: www.kinderuni-foehr.de

Auf der **Seehundstation Friedrichskoog** werden Heuler aufgezogen und schließlich wieder ausgewildert. Besucher können die Tiere in ihrem Becken beobachten. Darüber hinaus gibt es ein Informationszentrum. Mehr Infos unter: www.seehundstation-friedrichskoog.de

Die Nordsee und das Watt

Wer an der Nordsee das erste Mal Urlaub macht, wird dies bestimmt schon einmal erlebt haben: Der Strand ist da, aber das Meer ist weg! Stattdessen ist dort eine wellige, flache und sandig-matschige Fläche, übersät mit Muscheln, Algen und Steinen – der Meeresboden. Hier und da sind noch kleine und größere Pfützen zu erkennen und merkwürdige Häufchen, die aussehen wie ein kleiner Teller Spaghetti aus Sand. Diese Fläche ist das Watt oder auch der Wattboden und die wellenförmigen Hubbel heißen Rippeln; sie werden durch die Strömungen der Nordsee und die Bewegungen der Wellen gebildet.

**Wie kommt ein Fisch ins Hühnerei? Wo laichen Aale? Und wie werden Krabben gefangen? Antworten gibt es im Nationalpark-Zentrum Multimar Wattforum in Tönning. Hauptattraktion ist ein riesiges Meerwasseraquarium, in dem Katzenhaie, Störe und Dorsche ihre Runden drehen. Mehr Infos unter:
www.multimar-wattforum.de**

Die Pfützen werden als **Priele** bezeichnet und entstehen, wenn das Wasser der Nordsee bei Ebbe abfließt. Wenn du an einer Wattwanderung teilnimmst, wirst du feststellen, dass diese Priele oft gar nicht so flach sind wie sie aussehen, sondern teilweise sogar metertief.

Es bringt viel Spaß, barfuß über den Wattboden zu laufen, besonders wenn der Schlick durch die Zehen

> Wenn wi vun Priel snackt, meent wie en flachen Waterstrom un nich en Reinigungsmiddel, dat wi all kennt.*

quillt! In diesem Boden fühlen sich auch viele Tiere pudelwohl, zum Beispiel der **Wattwurm**, der die Spaghetti-Häufchen aus Sand produziert. Der Wattwurm frisst Sand und sucht sich darin alles Leckere. Der Rest kommt hinten wieder heraus – so entstehen die Häufchen auf dem Wattboden. Die **Herzmuscheln** leben ebenfalls im Wattboden. Manchmal kriechen sie heraus, um sich woanders zu verstecken. Dann werden sie oft vom Austernfischer entdeckt und zum Frühstück verputzt.

Der **Einsiedlerkrebs** ist besonders pfiffig. Sein Hinterteil ist ungepanzert, deshalb steckt er es am liebsten in ein leeres Schneckenhaus und geht damit spazieren. Wenn der Einsiedlerkrebs zu groß wird, passt er nicht mehr in das Schneckenhaus und muss sich eine neue Bleibe suchen. **Seesterne** haben sich optimal an ihren Lebensraum angepasst. Wenn ihnen ein Arm abgerissen wird, wächst er einfach wieder nach. Wenn Seesterne ihre Lieblingsspeise Muscheln verspeisen wollen, halten sie mit ihren Armen beide Schalenhälften fest und ziehen daran. Irgendwann gibt die Muschel nach und öffnet sich. Dann stülpt der Seestern seinen Magen über die Öffnung und beginnt, das Muschelfleisch zu verdauen.

*Wenn wir von Prielen sprechen, meinen wir einen flachen Wasserstrom und nicht ein Reinigungsmittel, das wir alle kennen.

Damit alle Bewohner des Wattenmeeres weiter ungestört leben können, ist das Wattenmeer seit 1985 als Nationalpark geschützt. Aber es kommt noch besser: Es gehört jetzt zum **UNESCO Weltnaturerbe**, also zu den 200 bedeutendsten Schutzgebieten der Welt. Als typischste Bewohner des Wattenmeeres gelten die **„Small Five"**, die **„Flying Five"** und die **„Big Five"**:

2009 hat das Wattenmeer den Naturschutz-Oskar bekommen.

Strandkrabbe

Nordseegarnele

Small Five

Wattschnecke

Herzmuschel

Wattwurm

Brandgans

Silbermöwe

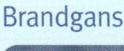

Ringelgans

Flying Five

Austernfischer

Alpenstrandläufer

Kegelrobbe

Seeadler

Seehund

Big Five

Schweinswal

Europäischer Stör

Wie fange ich einen Krebs?

In Häfen, Molen oder an Felsen kann man mit etwas Glück Strandkrabben oder Taschenkrebse fangen. Befestige einen Köder, z.B. ein Stück Fisch oder Torf, an einer Schnur und bewege sie dicht über den Boden einer Felsnische auf und ab. Vielleicht traut sich eine Strandkrabbe aus ihrem Versteck und greift mit ihren Scheren nach dem Köder. Dann kannst du die Strandkrabbe vorsichtig aufheben und betrachten. **Sei aber vorsichtig und verletze das Tier nicht.** Später kannst du die Strandkrabbe dann wieder frei lassen.

Queller – einfach lecker!

Queller wächst auf den überfluteten Wattböden an den Nordseeküsten. Das Gewächs wird auch Meeresspargel, Meeressalzstange oder Meeresbohne genannt. **Queller wird von April bis September mit der Hand geerntet und schmeckt in Butter gedünstet als Beilage** z.B. zu Lachs oder roh als Salat. Dann wird der Queller gewässert und mit einer Marinade aus Öl, Essig (drei Esslöffel Öl auf einen Esslöffel Essig) und ein wenig Pfeffer aus der Mühle vermengt. Salz muss nicht hinzugegeben werden, weil die Pflanze schon sehr salzig schmeckt.

> Wenn du eine Strandkrabbe auf den Rücken drehst, kannst du sehen, ob es ein Männchen oder Weibchen ist. Das lässt sich an dem Schwanz erkennen, den die Tiere eingeklappt unter dem Bauch tragen. Bei den männlichen Krabben sieht er wie eine Pfeilspitze aus, bei den Weibchen ist alles etwas runder.

Ebbe und Flut: Warum verschwindet das Meer?

Das Wasser der Nordsee, das übrigens salziger ist als das der Ostsee, verschwindet und kommt aber regelmäßig wieder, das hast du bestimmt schon einmal beobachtet. Alle sechs Stunden und zwölf Minuten wechseln sich Ebbe und Flut ab; dies nennt man auch Gezeiten oder Tiden.

Das Meerwasser ist nicht vom Erdboden verschwunden, auch wenn es so aussieht, sondern es befindet sich nur an einer anderen Küste.

Das Ganze kannst du selbst einmal nachspielen. Fülle eine Schüssel mit Wasser, die du dann sanft hin und her bewegst. Wenn auf der einen Seite der Schüssel weniger Wasser ist, befindet sich auf der anderen Seite mehr und umgekehrt. Deine Hände entsprechen bei diesem Versuch dem Mond und der Erde, die durch gegenseitige Anziehungskräfte miteinander verbunden sind und sich gleichzeitig umeinander drehen. Alles was nicht fest sitzt, fliegt weg, z.B. eine Mütze!

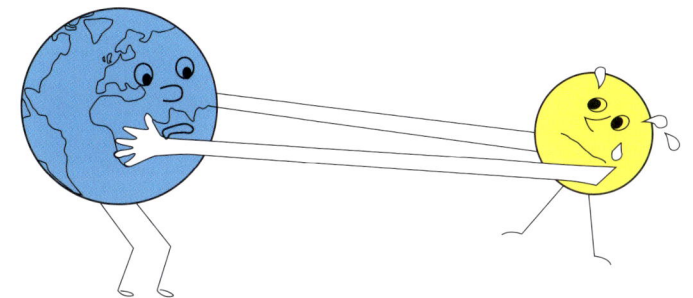

Sturmflut: Landunter auf den Halligen

Wenn es heftig stürmt, in Schleswig-Holstein vor allem im Frühjahr und im Herbst, können Sturmfluten mit meterhohen Wellen entstehen. Den Küsten drohen dann Überschwemmungen. Deshalb gibt es Deiche, um die Wassermassen zurückzuhalten.

In der **Erlebnisausstellung Sturmflutenwelt „Blanker Hans"** in Büsum gibt es jede Menge zu den Themen Wetter, Klima und Gezeiten auszuprobieren und zu entdecken. Außerdem lernt ihr das wahre Leben der Piraten kennen. Mehr Infos unter: **www.blanker-hans.de**

Im **Erlebniszentrum „Naturgewalten Sylt"** könnt ihr Wellen erzeugen, Filme über Tiere im Watt sehen und beobachten, wie Sturmfluten entstehen. Auf dem großen Spielplatz mit dem Seetierbecken wartet einiges Interessantes darauf, entdeckt zu werden. Mehr Infos unter:
www.naturgewalten-sylt.de

Mit Loren, einfachen Fahrgestellen mit Motor, gelangen die Halligbewohner zum Festland und wieder zurück.

Bei einer Sturmflut sind besonders die Halligen, also die kleinen Inseln im nordfriesischen Wattenmeer, betroffen. **Auf jeder Hallig gibt es Warften, kleine Hügel, auf denen die Häuser stehen.** Wenn eine Sturmflut droht, bringen die Halligbewohner auch ihre Schafe und Rinder dorthin in Sicherheit. Das Wasser bedeckt dann die ganze Hallig bis auf die Warft. Dann heißt es: Landunter.

Knerken

Knerken sind ganz spezielle Halligkekse. Jede Familie hat ein eigenes, streng geheimes Rezept! Eines verraten wir euch hier:

Zutaten:

250 g Butter

125 g Zucker

400 g Mehl

100 g Speisestärke

2 Eigelbe für den Teig

2 Päckchen Vanillezucker

1 Messerspitze Kardamon

2 Teelöffel Hirschhornsalz

2 weitere Eigelbe

Zubereitung:

Die Zutaten verkneten und zu einer Rolle formen. Etwa fünf Zentimeter große Stücke abschneiden und zu Kugeln formen. Jede Kugel mit dem Daumen leicht eindrücken, mit Eigelb bestreichen und mit Hagelzucker bestreuen. Dann werden die Knerken bei 190 Grad (Ober- und Unterhitze) ungefähr 15 bis 20 Minuten gebacken.

Hier haben Tiere auf dem Wattboden ihre Spuren hinterlassen. Verbinde die Spuren mit dem Tier, das sie verursacht hat.

Auf Spurensuche!

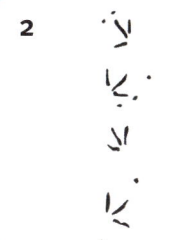
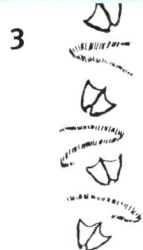

Austernfischer   **Silbermöwe**   **Sandregenpfeifer**   **Seehund**   **Hund**   **Brandgans**

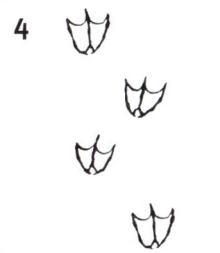
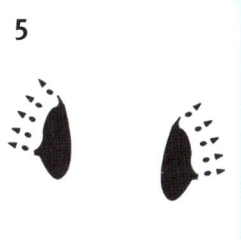

Nordseequiz

Wer macht die Spaghetti-häufchen im Watt?	C	der Seehund
	S	der Wattwurm
	F	die Herzmuschel
Was ist Queller?	U	ein Vogel
	G	ein Krebs
	E	eine Pflanze
Wie verhältst du dich, wenn du ein Robbenbaby findest?	E	nicht berühren und den Seehundjäger oder die Polizei informieren
	M	das Robbenbaby ins Wasser zurück treiben
	U	mit Wasser bespritzen, damit es nicht austrocknet
Warum lebt der Einsiedlerkrebs in einem Schneckenhaus?	A	er schützt sich vor Regen
	I	damit will er Weibchen anlocken
	H	sein Hinterteil ist ungepanzert. Er schützt sich so vor Feinden
Ebbe und Flut wechseln...	L	alle zwei Stunden
	O	alle drei Stunden
	U	alle sechs Stunden
Wenn der Arm eines Seesterns abgerissen wird, ...	G	muss er mit einem weniger auskommen
	A	stirbt er
	N	wächst er nach
Das Wasser der Nordsee ist...	D	salziger als das der Ostsee
	S	weniger salzig als das der Ostsee
	T	genau so salzig wie das der Ostsee

Lösungswort: S(3)EEH(11)UND

Die fetten Buchstaben mit den Zahlen benötigst du für das Gesamtlösungswort auf der Seite 111.

Der geheimnisvolle Stein

Nele und Nils laufen vom weißsandigen Kurstrand in Dahme an der Ostsee entlang in Richtung Leuchtturm Dahmeshöved. Die Sonne scheint vom wolkenlosen Himmel und es ist fast windstill. Ideale Bedingungen, um Steine zu sammeln. Ob sie diesmal einen Klapperstein finden?

Die Geschwister tragen Shorts und haben ihre Rucksäcke mit Badesachen dabei, denn sie wollen später noch schwimmen gehen. Als sie den Naturstrand erreichen, sehen sie eine lange hölzerne Treppe, die direkt vom Strand aus zur Jugendherberge auf der Steilküste führt. „Lass uns doch einmal dort hoch laufen!", schlägt Nele vor. „Mal sehen, was da los ist." Sie erklimmen die Stufen und blicken, oben angekommen, über die im Sonnenlicht glitzernde Ostsee, auf der gerade eine weiße Fähre in Richtung Lübecker Bucht schippert. „Von hier aus hat man aber einen tollen Ausblick", meint Nils begeistert.

> Klappersteine sind Feuersteinkugeln, in denen sich ein versteinerter Schwamm befindet. Im Laufe der Jahre löst er sich von der Wand ab und bewegt sich im Inneren. Wenn man einen solchen Stein schüttelt, klappert es.

Auf dem Rasen vor dem Rundbau der Jugendherberge entdecken Nils und Nele eine Gruppe von Kindern in Nils Alter, die sich im Halbkreis um einen kleinen Mann in schwarzer Sporthose und gelben T-Shirt aufgestellt haben. „Das ist bestimmt eine Schulklasse", mutmaßt Nele und Nils nickt zustimmend: „Die haben hier sicher viel Spaß."

Nachdem sich die beiden eine Weile umgeschaut haben, klettern sie wieder die Treppe zum Strand hinunter. Nils öffnet seinen Rucksack und holt einen kleinen Hammer heraus: „Mal sehen, was wir heute für Schätze finden." Die beiden Geschwister sind

begeisterte Steinsammler. Zuhause haben sie Regale, auf denen sie ihre Funde ausstellen. Jeder Stein und jede Versteinerung ist mit einem Zettel versehen, auf dem der Name des Steins und der Fundort notiert sind. Nils hat sich auf Versteinerungen spezialisiert, zum Beispiel auf Donnerkeile und Seeigel, die zur selben Zeit wie die Dinosaurier lebten.

Nils klopft vorsichtig auf einen Kalkstein, denn er hofft, im Inneren Versteinerungen zu finden. Seine Schwester sucht ein paar Meter weiter nach besonders schönen, farbigen Steinen. Sie liebt durchsichtige Steine und solche, die in der Sonne leuchten. Aber auch Steine mit einem Loch gefallen ihr gut, denn die eignen sich oft als Anhänger für eine Halskette. Nils klopft bereits den vierten Kalkstein auf, ohne Erfolg. Keine einzige Versteinerung kommt zum Vorschein. „Mist!", flucht er und greift nach einem rot-schwarz gesprenkelten Stein, einem Granit. In diesem Moment entdeckt er einen fast tellergroßen Stein mit Löchern. „Was ist denn das?" Er hebt den Stein auf und betrachtet ihn genau. Der Stein hat rechts und links zwei Löcher und in der Mitte ist eine längliche Vertiefung. „Der sieht ja aus wie…", murmelt Nils erstaunt. „Nele", schreit er aufgeregt. „Guck mal, was ich hier gefunden habe."

> **Die ältesten Steine, die wir finden können, sind rund 2.000.000.000 (2 Milliarden) Jahre alt, die jüngsten nur wenige Millionen.**

„Der hat ja ein richtiges Gesicht", stellt Nele fest, „gib ihn mir mal." Der Stein ist kalkweiß und hat eine raue Oberfläche. Die Vertiefung in der Mitte endet in einem schmalen Hohlraum und dort steckt etwas Weißes fest. Ein Stück Papier! Mit dem Finger ver-

sucht Nele, es heraus zu fummeln, aber es klappt nicht. „Hier, probier du es doch mal." Ihr Bruder zieht sein Taschenmesser aus der Hosentasche seiner Shorts und klappt es vorsichtig auf, um das Papier aus dem Loch zu bekommen. Nach wenigen Sekunden fällt eine kleine Rolle direkt in Neles Handfläche. Ungeduldig wickelt sie das Papier auseinander: „Das ist ja eine Schatzkarte!", ruft sie aufgeregt. Die beiden Kinder betrachten den notizblattgroßen Zettel. Sie erkennen die Linie einer Küste, das Meer ist mit kleinen Wellen eingezeichnet. An einer Stelle befindet sich ein Kreuz. „Aber das ist doch hier in der Nähe", bemerkt Nils überrascht. „Die Linie sieht genau aus wie die Küste und das Kreuz ist dort eingezeichnet, wo der Leuchtturm steht." Die beiden beschließen, sofort dorthin zu gehen. „Das ist höchstens fünfhundert Meter von hier entfernt", sagt Nils, der den Stein vorsichtig in ein Taschentuch einwickelt und ihn in seinem Rucksack verstaut.

Nach wenigen Minuten erkennen sie etwas abseits vom Strand auf einer kleinen Erhöhung den achteckigen roten Ziegel-Leuchtturm mit seiner roten Laterne neben dem ein weiterer, etwas kleinerer Turm steht. „Wieso hat der denn zwei Türme?", fragt Nele erstaunt. „Der kleinere ist ein Beobachtungsturm der Marine", erklärt ihr Nils. „Von hier aus bewachten die Marine-Soldaten früher die Lübecker Bucht, aber heute wohnt dort jemand, glaube ich." Er betrachtet konzentriert die Schatzkarte und lässt seinen Blick über die Steilküste und die Ostsee schweifen. In der Ferne ist bei dem schönen Wetter sogar die Fehmarnsundbrücke zu erkennen. Er deutet auf einige Steine direkt am Fuße der Steilküste: „Vielleicht ist hier irgendetwas versteckt." Nele und Nils drehen jeden Stein um und buddeln mit den Händen im Sand, finden aber außer einer leeren Cola-Dose und einem alten, feuchten Tennis-Socken nichts. In diesem Moment erreichen zwei Jungen die Steilküste am Leuchtturm. Beide tragen Jeans und blaue T-Shirts mit einem weißen Schriftzug. Der eine hält einen Zettel in der Hand: „Hier ist es!", sagt er zu dem anderen Jungen, der begeistert nickt.

Nils betrachtet die Schatzkarte noch einmal genau. Das Kreuz ist ziemlich nah am Wasser eingezeichnet und plötzlich hat er eine Idee: „Lass uns da hinten direkt am Meer suchen." Steine in allen Größen und Farben liegen dort halbmondförmig auf einem Haufen zusammen und führen wie eine hubbelige Zunge direkt in die Ostsee: „Da ist der Schatz!", schreit Nils. Tatsächlich: Ein kleiner brauner Beutel ist zwischen zwei größeren Steinen eingeklemmt. Die beiden Jungen rennen auf Nele und Nils zu: „He, was macht ihr da!", rufen sie drohend. Nele stupst ihren Bruder an. „Mach mal schnell auf! Ich will wissen, was da drin ist." Vorsichtig pult Nils die kleine Schnüre auseinander, durch die der Beutel zusammen gehalten wird: „Bernsteine!"

Nele ist entzückt: „Die glänzen ja richtig!"

„Her damit!" Die beiden Jungen sehen ziemlich wütend aus. „Das ist hier unsere Schatzsuche."

„Das kann ja jeder sagen!", erwidert Nils und wickelt die vier Steine wieder ein. Ein kleiner Mann mit Jeans und weißem T-Shirt schlendert auf die Kinder-Gruppe zu.

„Herr Winter, gut, dass Sie kommen", sagt der eine Junge. „Die haben einfach unseren Schatz geklaut." Das ist doch der Lehrer von der Jugendherberge, denkt Nils erstaunt und langsam dämmert ihm, was

hier vorgeht. Nun erkennt er auch den weißen Schriftzug auf den blauen T-Shirts der Jungen: „Theodor-Storm-Schule Husum".
„Veranstalten Sie heute etwa eine Schatzsuche?"
Herr Winter grinst: „Ja, genau, wir haben verschiedene Zettel am Strand versteckt. Aber ihr beiden scheint uns zuvor gekommen zu sein." Sofort reicht Nils dem Lehrer den Beutel: „Kein Problem, das wussten wir ja nicht." Herr Winter öffnet den Beutel und betrachtet nachdenklich die vier goldgelben Bernsteine. „Wisst ihr Kinder, das sind doch vier Steine. Für jeden einen, was haltet ihr davon?" Nele und Nils nicken sofort zustimmend. Herr Winter blickt seine Schüler an: „Und was ist mit euch, Morten und Robbie?" Die beiden zögern einen Moment, doch dann reichen sie Nils und Nele die Hände. „Gut, abgemacht." Herr Winter lädt die beiden Geschwister ein, mit zur Jugendherberge zu kommen, denn es sei noch eine kleine Siegerehrung geplant. „Ihr habt schließlich den Schatz gefunden." Es wird ein richtig schöner Abend. Nele und Nils erhalten einen kleinen Ehrenpokal und danach grillen sie zusammen mit Morten, Robbie und den anderen Kindern der Klasse von Herrn Winter. „Wir haben zwar keinen Schatz entdeckt", sagt Nele, als die beiden die Jugendherberge verlassen, „aber dafür haben wir echte neue Freunde gefunden."

Bernstein-Fieber

Habt ihr schon einmal einen Bernstein entdeckt? Manchmal liegen welche in den Wellenrippeln der Nordsee oder am Ostseestrand zwischen dem Seetang. Bernstein zählt zu den beliebtesten Schmuck- und Heilsteinen der Welt.

Genau genommen handelt es sich bei Bernstein um Baumharz. Es ist vor Jahrmillionen aus den Wunden von Kiefern und Nadelhölzern ausgetreten ist. Manchmal blieben Insekten und Spinnen am frischen Harz kleben und wurden dann durch weiter fließendes Harz eingeschlossen. Bernsteine mit solchen Einschlüssen sind sehr selten und deshalb besonders begehrt und wertvoll. Aber woran könnt ihr erkennen, ob ihr einen Bernstein gefunden habt?

Hier eine Prüfliste:

- Bernstein ist sehr leicht.
- Bernstein schwimmt an der Wasseroberfläche.
- Wenn ihr einen Bernstein anzündet, brennt er.
- Bernstein fühlt sich angenehm weich an und riecht, wenn man ihn mit einem Stück Sandpapier schleift, nach Harz.
- Bernsteine sind meistens honiggelb, manchmal gelbweiß, orange, rot, grünlich, braun oder schwarz, aber ganz selten blass.

Eine im Bernstein eingeschlossene Mücke, etwa 1,5 mm lang

Wassersport: Wellen, Wind und „Waterkant"

Lust auf Wassersport? Dann bist du hier in Schleswig-Holstein genau richtig. Hier kannst du Segeln, Windsurfen, Kiten und sogar Wasserski fahren. Besonders das Segeln spielt im Land zwischen den Meeren eine ganz große Rolle. In Kiel findet z. B. jährlich das größte Segelsportfest der Welt, die Kieler Woche, statt.

Segeln Dir ist bestimmt schon aufgefallen, dass Segelboote alle unterschiedlich aussehen. Das ist so ähnlich wie bei den Autos, denn es gibt, wie du weißt, kleine Autos, Mittelklassewagen, Kombis und Sportwagen. Bei den Segelbooten spricht man von verschiedenen Bootsklassen. Kinder und Jugendliche sind mit Optimisten, Teenies und später mit 420er und 29er Segelbooten unterwegs.

Alle kleinen Segel-Anfänger starten mit einem „Optimisten", der von allen nur liebevoll „Opti" genannt wird. Dieses Segelboot ist 2,30 Meter lang und 45 Kilo leicht.

Waterkant ist die plattdeutsche Bezeichnung für „Küste" in Norddeutschland.

Im Segelcamp Camp 24|sieben kannst du von Mai bis September auf unterschiedlichen Schnuppertörns den Spaß am Segeln entdecken. Das Camp befindet sich direkt an der Kieler Förde nah der Kieler Innenstadt. Auch ohne Anmeldung kannst du mit deiner Familie einfach mal vorbei schauen.
www.camp24sieben.de

In den Grundkursen der vielen Segelschulen in Schleswig-Holstein lernst du, den Wind in den Händen zu halten. Segeln übst du auf Optimisten oder Jollen. Passieren kann hier nichts, denn die Ausbilder sind auf den Begleitbooten immer in der Nähe.
www.segelschule-blauer-peter.de, www.luebecker-segelschule.de, www.wetwind.net

Segler und alle anderen Seeleute haben ihre eigene Sprache, die nicht jeder versteht. Oder wisst ihr etwa, was mit Luv und Lee gemeint ist? Luv beschreibt die dem Wind zugekehrte Seite des Bootes und Lee die vom Wind abgewandte Seite.

Windsurfen, Kitesurfen, Wasserski Du möchtest Wind und Wellen hautnah erleben und auf dem Wasser richtig loslegen? Je schneller, desto besser? Dann sind Windsurfen, Kitesurfen und Wasserski die perfekten Wassersportarten für dich:
Beim **Windsurfen** stehst du auf einem Brett, das mit einem frei beweglichen Segel verbunden

ist. Windsurfen ist nicht leicht zu erlernen. Wenn du schon einmal gesegelt bist, wird es dir leichter fallen auf dem Brett zu stehen und gleichzeitig mit dem Segel zu manövrieren. Am besten lernst du das Windsurfen in einer Surfschule.

Noch schwieriger, aber auch aufregender, ist das **Kitesurfen** – ein echter Trendsport. Hier stehst du auf einem „Board", also einem Brett, und wirst durch einen lenkbaren „Kite", auch Windschirm oder Drachen genannt, über das Wasser gezogen – bei ordentlich Wind in einer Affengeschwindigkeit.

Hast du schon einmal gesehen, wie jemand auf Wasserskiern hinter einem Motorboot hergezogen wurde? „Das würde ich auch gern ausprobieren", hast du vielleicht gedacht. Aber wer hat schon ein Motorboot? Es gibt in Schleswig-Holstein jedoch neuerdings Wasserski-Anlagen. Dort kannst du mit einer Seilbahn, die von einem Motor angetrieben wird, **Wasserski** fahren – und zwar immer im Kreis. Hört sich langweilig an? Dann versuche es einmal selbst. Fast alle fliegen beim ersten Mal aus der Kurve und landen im Wasser!

In Schleswig-Holstein gibt es verschiedene Wasserski-Anlagen, die für Anfänger und Fortgeschrittene geeignet sind. Man kann nur eine Stunde oder den ganzen Tag buchen. Neoprenanzüge sind gegen eine Gebühr erhältlich.

Fiete's Fischburger

Zutaten für 4 Personen:
400 g Seelachsfilet
1 Zwiebel
Petersilie
1 Ei
Salz und Pfeffer
8 Esslöffel Semmelbrösel
4 Hamburger Brötchen
4 Blätter Eisbergsalat
Ketchup und Remoulade

Zubereitung:

Das sehr frische Fischfilet waschen, trocken tupfen und grob würfeln. Alles mit einem großen Messer oder mit einem Universalzerkleinerer fein hacken. Zwiebel in kleine Würfel schneiden, mit etwas Fett anbraten und auf mittlerer Temperatur glasig dünsten. Petersilie ebenfalls fein schneiden und kurz mitdünsten. Alles etwas abkühlen lassen.

Nun das Ei, die Zwiebel-Petersilien-Mischung, Salz und Pfeffer sowie 4 El Semmelbrösel zur Fischmasse geben und alles mit sauberen Händen gut durchkneten. Frikadellen formen, in den Semmelbröseln wenden und in der Pfanne bei mittlerer Temperatur gut durchbraten.

Die Brötchen im Ofen aufbacken, halbieren und die unteren Hälften mit je einem Salatblatt belegen. Die fertigen Frikadellen darauf verteilen. Alles mit viel Ketchup und Remoulade würzen, die oberen Brötchenhälften gut andrücken – fertig sind die super leckeren Fischburger.

Wenn du der Fischmasse einige Nordseekrabben zufügst, schmecken die Burger noch besser.

Bastelanleitung:
Ein buntes Windrad für die Strandburg

**Du brauchst:
buntes Tonpapier oder Windradfolie (Bastelbedarf), Holzstab (Baumarkt), Perle, Nagel, Bleistift, großes Lineal, Schere**

Zunächst schneidest du aus dem Tonpapier oder der Windradfolie ein Quadrat mit einer Seitenlänge von 15 cm aus. Zeichne dann mit einem spitzen Bleistift die Diagonalen von Ecke zu Ecke ein. Immer links davon in den Ecken markierst du dir einen Punkt für die Löcher, durch die später der Nagel gestochen wird. Schneide nun von außen auf den gezogenen Linien jeweils sieben Zentimeter ein. Die Ecken mit dem Punkt faltest du nun zum Mittelpunkt hin und bohrst den Nagel durch die Löcher im Tonpapier (oder der Windradfolie). Dann schiebst du die Perle durch die Nagelspitze und nagelst das Windrad auf den Holzstab.

1.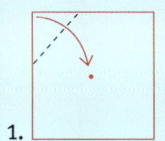
2.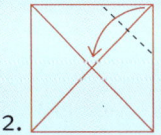
3.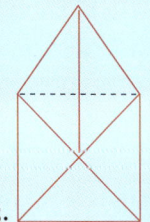
4.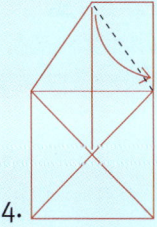
5.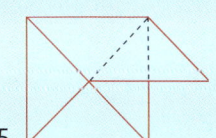

Welcher Stein ist das?

Steine mit Löchern
Dies ist ein Feuerstein mit einem Loch, das rein zufällig entstanden ist. Diese Lochsteine werden oft auch Hühnergötter genannt. Früher befestigten nämlich viele Bauern solche Steine mit einer Schnur an die Tür des Hühnerstalls, um diebische Füchse zu vertreiben.

Granit Granit Steine sind bunt gemustert und bestehen aus drei Mineralien: roter Feldspat, weißer Quarz und schwarzer Glimmer. Sie sind tief unten in der Erde entstanden.

Diesen Satz könnt ihr euch bestimmt gut merken: Feldspat, Quarz und Glimmer, die drei vergisst man nimmer.

Gneis Ein Gneis ist ein platt gedrückter Granit. Diese Steine, die wir sehr häufig am Strand finden, sind viele Millionen Jahre alt und haben einiges miterlebt. Sie wurden zum Beispiel von Gletschern bewegt, unter Steinmassen begraben und zusammen gepresst. Deshalb haben sie keine erkennbaren Schichten mehr, sondern nur unregelmäßige Streifen.

Quarzit Wenn sie nass sind, sehen Quarzit-Steine besonders schön aus. Sie schimmern und sind leicht durchscheinend. Manche dieser Steine sind weiß oder gelblich, andere rosa oder violett. Wenn du sie in die Hand nimmst, fühlen sie sich angenehm glatt an.

Donnerkeile Donnerkeile findet man im groben Kies an fast allen Stränden. Sie sind bernsteinfarben, und in der Mitte verläuft ein schmaler Kanal. Donnerkeile sind versteinerte Skelettteile von tintenfischartigen Kopffüßlern, die zur selben Zeit wie die Dinosaurier lebten.

Blutwurststein Um einen Blutwurststein zu finden, brauchst du etwas Glück. Aber dafür ist dieser Stein, besonders wenn er nass ist, sehr gut zu erkennen.

Die weißen Einsprenglinge im dunkelbraunen Stein sehen nämlich genau so aus wie die Fleisch- oder Fettstückchen in der Blutwurst.

Schmuck aus Strandfunden

Aus Muscheln und kleinen Steinen mit Loch lassen sich schöne Schmuckstücke basteln.

Ein Muschelarmband

Du brauchst:
schöne kleine Muscheln und Schneckenhäuser mit Loch
elastischer Faden (Bastelgeschäft)
eventuell bunte Perlen

Zunächst musst du die Länge des Armbandes abmessen, indem du ein Stück des elastischen Fadens um dein Handgelenk wickelst. Denk daran, dass du den Faden mit den Muscheln und Perlen auch noch verknoten musst. Also lieber etwas mehr abschneiden. Dann die Muscheln, Steine und Perlen sortieren. Das geht am besten in einem kleinen Kästchen mit verschiedenen Fächern. Die bekommst du z.B. in Baumärkten. Nun kannst du die Muscheln, kleinen Steine und Perlen auffädeln. Zum Schluss wird das Armband mit einem Doppelknoten verschlossen.

Muscheln mit kreisrunden Löchern sind häufig am Strand zu finden. Die Nabelschnecke hat die Muschelschalen mit ihrer scharfen Raspelzunge angebohrt, um an das leckere Muschelfleisch zu gelangen!

Meerjungfrauen-Haarschmuck

Du brauchst:
einfache Haarspangen
dicke Haargummis
Haarreifen (alles aus der Drogerie)
Muscheln
Heißkleber-Pistole (Baumarkt)
eventuell Glitzernagellack

Suche besonders schöne möglichst flache Muscheln aus und überlege, wie du die einzelnen Teile auf die Haarspangen, den Haarreif oder auch das Haargummi kleben willst.
Dann gibst du etwas Klebe an eine Stelle (Vorsicht heiß!) und drückst gleich die Muschel darauf. Wenn du magst, kannst du nun alles mit Glitzernagellack überziehen. Alles gut trocknen lassen – und fertig ist der Meerjungfrauen-Haarschmuck.

Leuchttürme an Nordsee und Ostsee

Viele Menschen haben eine romantische Vorstellung von Leuchttürmen: Sie weisen Schiffen in der Dunkelheit den sicheren Weg, und ein einsamer Leuchtturmwärter kümmert sich darum, dass das Leuchtfeuer immer brennt. Heute sieht die Realität allerdings anders aus: Die meisten Leuchttürme sind zwar nicht überflüssig, werden aber von den Schiffen auf hoher See durch modernste satellitengestützte Navigationssysteme unterstützt. Es gibt auch keinen Leuchtturmwärter, der nachts den Turm hochsteigt, um das Brennen des Leuchtfeuers zu überwachen. Diese Aufgabe wird heute von Computern erledigt. Leuchttürme sind eine beliebte Touristenattraktion und können fast immer besichtigt werden.

Der Lohn für die Mühe sind herrliche Ausblicke über die Nord- oder Ostsee. Teilweise müssen dafür hunderte Stufen erklommen werden. Außerdem können sich Brautpaare in vielen Leuchttürmen standesamtlich trauen lassen. Das ist sozusagen die neue Leuchtturm-Romantik.

www.sh-tourismus.de/de/leuchttuerme-an-der-ostsee
www.sh-tourismus.de/de/leuchttuerme-an-der-nordsee

Leuchtturm Westerhever

Der Leuchtturm von Westerhever mit seinen beiden Wärterhäuschen ist der Star zahlreicher Werbespots und deshalb bis weit über die Grenzen Schleswig-Holsteins bekannt. Der über hundert Jahre alte Turm kann nur zu Fuß oder mit dem Fahrrad über den 1,5 Kilometer langen Weg vom Parkplatz besucht werden. 157 Stufen führen zur Turmspitze.

Leuchtturm auf Helgoland

Der eckige Leuchtturm von Helgoland hat das lichtstärkste Leuchtfeuer in der Deutschen Bucht. In klaren Nächten sind die Signale bis zu den ostfriesischen Inseln zu erkennen. „Wächter der Deutschen Bucht" wird der Leuchtturm auf Deutschlands einziger Hochseeinsel deshalb genannt. Der Leuchtturm ist voll funktionsfähig und kann nicht besichtigt werden.

Leuchtturm Hörnum auf Sylt

Der Leuchtturm mit seinem kleinen Wärterhäuschen ist das älteste Gebäude Hörnums. Er kann besichtigt werden und steht Hochzeitspaaren für die standesamtliche Trauung zur Verfügung. Zwischen 1918 und 1930 war im Leuchtturm ein Klassenzimmer untergebracht – und zwar in 30 Meter Höhe.

Leuchtturm Schleimünde

Der weiße, runde Leuchtturm mit seinem schwarzen Band weist den Schiffen den Weg in die Schlei. Im Jahr 1871 wurde er in Betrieb genommen. Kein Leuchtturm wurde so oft gestrichen wie er: Zunächst war er gelb, ab 1890 dunkelgrau, dann wieder gelb, ab 1910 war er hellgrau und ab 1920 schachbrettartig rot-weiß gewürfelt mit rotem Gesims und grauer Laterne, dann schwarz-weiß gewürfelt. Heute ist er schwarz-weiß gestreift.

Leuchtturm Travemünde

Der Leuchtturm Travemünde ist das Wahrzeichen der Stadt. Er wurde 1539 von holländischen Maurern erbaut und beherbergt auf acht Geschossen ein maritimes Museum. Zu sehen sind Modelle von Feuerschiffen, verschiedene Seelaternen sowie ehemalige Lichtanlagen anderer Leuchttürme.

Im artefact Powerpark Glücksburg steht eine Miniaturausgabe des Leuchtturms von Falshöft, der an der Außenförde von Flensburg steht. Den Strom für das Leuchtfeuer kannst du selbst herstellen, indem du dich auf das davor stehende Fahrrad schwingst und kräftig in die Pedale trittst.
www.artefact.de

Versuch macht klug! Wärme fühlen...

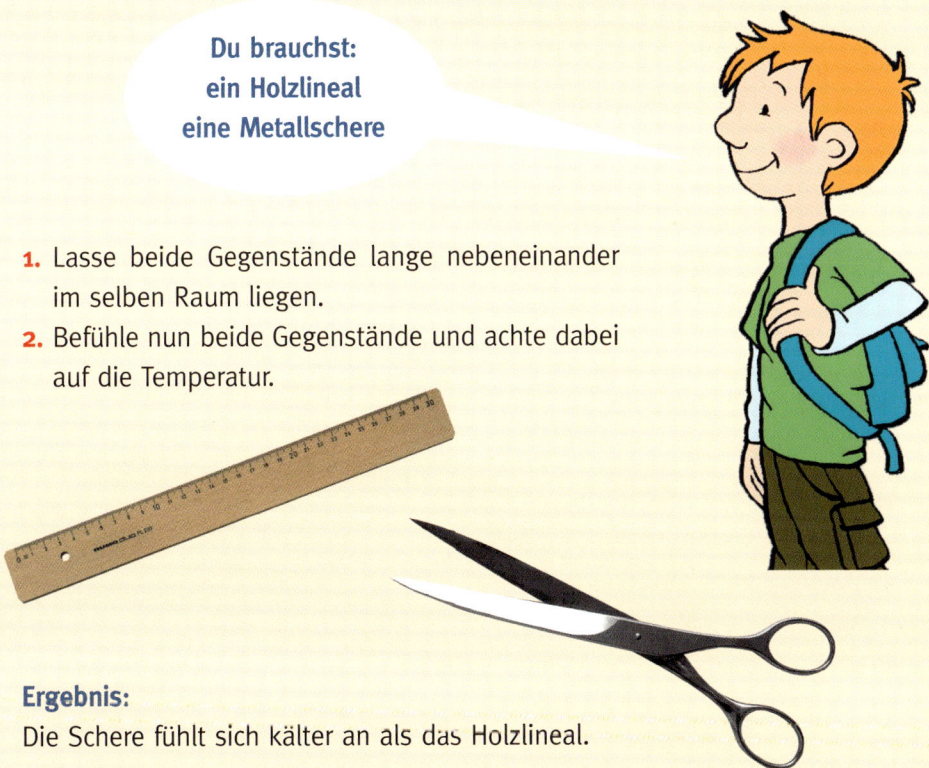

Du brauchst:
ein Holzlineal
eine Metallschere

1. Lasse beide Gegenstände lange nebeneinander im selben Raum liegen.
2. Befühle nun beide Gegenstände und achte dabei auf die Temperatur.

Ergebnis:
Die Schere fühlt sich kälter an als das Holzlineal.

Erklärung:
Beide Gegenstände haben die gleiche Temperatur, weil sie im gleichen Raum lagen. Sie fühlen sich nur für dich wärmer oder kälter an. Die beiden Materialien haben eine unterschiedliche Wärmeleitung. **Metall leitet die Wärme sehr gut.** Wenn du die Schere mit deinen warmen Fingern berührst, fließt die Wärme ganz schnell ins Metall. Dieser Wärmeverlust an deinen Fingern wird für dich als „kalt" empfunden. **Holz ist hingegen ein schlechter Wärmeleiter.** Wenn du es berührst, entsteht an der Oberfläche ein Wärmestau, und deshalb fühlt sich das Holz warm an.

Flensburg

In der **Phänomenta** kannst du mehr als 150 vielfältige Phänomene aus der Naturwissenschaft und Technik entdecken, mit denen du es im Alltag fast täglich zu tun hast. Hier kannst du ausprobieren, wie stabil eine Brücke aus Bauklötzen ist und wie viel Energie nötig ist, um einen Fernseher zu betreiben. **Alle deine Sinne sind gefragt:** Prüfe deinen Gleichgewichtssinn in der schrägen Hütte oder errate unterschiedliche Temperaturen. Anfassen und mitmachen ist ausdrücklich erwünscht.
www.phänomenta-flensburg.de

Warum immer mit dem Auto fahren? Auch mit der Bahn oder dem Bus kannst du viele Ziele bequem erreichen, zum Beispiel Flensburg oder Lübeck. Die Suche nach einem Parkplatz ist nicht nötig und umweltfreundlicher ist es auch!
www.nah.sh

Als Professor Aldendorf das Schwert in die Höhe hält, öffnet sich die dunkle Wolkendecke für einen kurzen Moment und ein Sonnenstrahl erhellt die Landungsbrücke am Wikinger-Dorf von Haithabu.

Das magische Schwert

Das Stahl-Schwert in seiner Hand schimmert plötzlich wie Gold. „Boah", ruft ein kleiner Junge mit blonden strubbeligen Haaren: „Das ist ja wie Magie!" Die anderen Kinder, die sich im Halbkreis um den Professor und sein Schwert gruppiert haben, schmunzeln. Nele und Nils beobachten gespannt den Professor, der seine Hand schützend vor die Augen hält und seinen Blick über das Haddebyer Noor gleiten lässt. Die Sonne ist schon wieder hinter den Wolken verschwunden und das Wasser schimmert nun gräulich-grün.

> Das Haddebyer Noor ist ein Binnensee in der Nähe von Schleswig, der im Norden mit der Schlei verbunden ist. Im Süden schließt sich das Selker Noor an.

Der Professor wendet sich wieder den Kindern zu, die heute alle nach Haithabu gekommen sind, um etwas über das Leben der Wikinger zu erfahren. Der Professor, der braune Shorts und eine graue Strickjacke trägt, betrachtet das Schwert in seiner Hand. Seine grauen, fast schulterlangen Haare, wehen im Wind. Er lächelt den Jungen mit den blonden Haaren freundlich an: „Möchtest du das magische Schwert einmal berühren?"

„Au ja!", antwortet der Junge begeistert. Er schultert seinen Rucksack und nähert sich zögernd Professor Aldendorf.
„Komm ruhig näher, das Schwert tut schon nichts!"
Der Junge streckt seine Hand aus und berührt die Klinge, zieht sie aber sofort zurück, als habe er einen Stromschlag bekommen. „Das fühlt sich ja total rau an!"
Der Professor lacht: „Das Schwert ist auch schon uralt. Es stammt aus dem frühen Mittelalter und ist ein echtes Meisterwerk."
„Wieso das denn?", fragt ein Mädchen mit blonden Zöpfen und roter Brille. „Ein Schmied mit dem Namen Ulfberth hat es hergestellt", erwidert der Professor. „Es ist aus Stahl geschmiedet und kann nicht zerbrechen. Ich zeige euch jetzt einmal zum Vergleich ein Schwert, das einen weichen Eisenkern und nur eine Hülle aus Stahl hat."
Er legt das Ulfberth-Schwert auf die Holzplanken der Landungsbrücken, was ein Fehler ist, wie sich herausstellen soll. Der Professor geht zu einem kleinen Holz-Tisch, auf dem Schwerter und Werkzeuge aus der Wikingerzeit liegen. Alle Kinder verfolgen ihn mit ihren Augen und so bemerkt keiner das rote Kanu, das parallel zur Landungsbrücke zum Stehen kommt. Ein dünner Mann in einem grauen Arbeitsoverall schwingt sich über die Kante der Brücke, schleicht sich lautlos an das Schwert heran, packt es und springt zurück ins Kanu. Nils sieht gerade noch, wie der Mann das Schwert hinter seinem Rücken versteckt, das Kanu mit schnellen Paddelschlägen in Fahrt bringt und in Richtung Schlei verschwindet. „Der hat das Schwert geklaut", schreit Nils aufgeregt und rennt zum Ende des Steges. Das Kanu gleitet zügig über das Wasser,

Echte Ulfberth-Schwerter waren vollständig aus Stahl geschmiedet und deshalb unzerstörbar. Sie waren bei den Wikingern sehr beliebt und kosteten eine Menge Geld. Deshalb waren auch viele Fälschungen mit demselben Namenszug auf dem Markt. Die meisten bestanden aus einem weichen Eisenkern und einem Mantel aus Stahl und gingen schon nach wenigen Hieben kaputt. So mancher Krieger musste den Kauf einer solchen Fälschung mit dem Leben bezahlen.

der Knauf des Schwertes ragt am Heck des Bootes heraus. „Das gibt es doch nicht!", ruft der Professor, der ebenfalls gleich losgelaufen ist und nun neben Nils steht. „Wir müssen sofort die Polizei alarmieren." Alle Kinder auf dem Landungssteg reden aufgeregt durcheinander. Mittlerweile sind die ersten Eltern eingetroffen, um ihre Kinder wieder abzuholen. Professor Aldendorf bittet alle, sich noch ein wenig zu gedulden: „Vielleicht wollen die Polizisten noch jeden von euch befragen."

„Warum klaut jemand ein altes Schwert?", fragt Nele ihren Bruder. „Keine Ahnung", antwortet Nils. „Aber es gibt bestimmt Sammler, die eine Menge Geld für ein solches wertvolles Schwert ausgeben würden." Als die zwei Polizisten eintreffen, ein braungebrannter Mann mittleren Alters und eine schlanke junge Frau mit blonden Haaren, haben sich alle Kinder und Eltern vor den Wikinger-Häusern des Dorfes versammelt. Die beiden Polizisten tragen dunkelblaue Uniformen und um die Hüfte

Gürtel mit Holster für ihre Dienstpistolen. Ob die damit schon einmal geschossen haben?, fragt sich Nele und betrachtet neugierig die junge Polizistin, die blaue Augen und eine schmale Nase hat und eigentlich eher als Model arbeiten könnte. Die Polizistin will von den Kindern wissen, wie der Täter und das Kanu ausgesehen haben. Aber nur Nils kann genauere Angaben machen. Die Polizistin notiert sich alles: „Vielen Dank, das ist für uns eine große Hilfe." Sie nimmt ihr Funkgerät und informiert ihre Kollegen in Schleswig: „Ja genau, ein rotes Kanu und ein dünner Mann in einem grauen Overall." Dann verabschieden sich die Polizisten und machen sich auf den Weg zum Parkplatz, der sich direkt gegenüber dem Museum befindet. Auch Nele und Nils beschließen zurück zu gehen. Sie wollen mit ihren Eltern, die im Museumscafé warten, noch zum Baden an die Schlei fahren.

„Das Wasser ist herrlich, gar nicht kalt!", ruft kurze Zeit später Nele ihrem Bruder zu, der sich gerade seine schwarze Badehose anzieht. Die Eltern von Nele und Nils haben es sich auf einem großen bunten Badelaken auf dem schmalen Strandabschnitt gemütlich gemacht. Die Badestelle ist an beiden Seiten mit Schilf umsäumt und auf der rechten Seite befindet sich ein kleiner Holzsteg. Nils stürzt mit einem Hechtsprung ins Wasser und taucht gleich unter. Als er wieder hochkommt, sieht er seine Schwester, die sich in ihrem roten Badeanzug auf dem Rücken treiben lässt. Als er gerade seinen Kopf erneut unter das Wasser tauchen will, entdeckt er etwas Silbernes auf dem Grund liegen. „Das ist doch nicht...", denkt er ungläubig, greift hinunter, zieht das längliche Teil aus dem Wasser und stößt es in die Luft.

„Das ist ja das Wikinger-Schwert!", wispert Nele fasziniert. Vorsichtig trägt Nils das Schwert an Land und legt es in den Sand. Es sieht völlig unbeschadet aus. „Wie ist es nur hierher gekommen?", fragt Nele ihren Bruder, der verständnislos den Kopf schüttelt: „Das kann alles irgendwie nicht sein. Das ist Magie!"
Nele verschränkt ihre Arme vor der Brust: „Magie? Die gibt es doch nur in deinen Fantasy-Geschichten!"
Die beiden Geschwister bringen das Schwert zusammen mit ihren Eltern zurück nach Haithabu. Professor Aldendorf ist überglücklich, das wertvolle Schwert wieder in den Händen zu halten und sorgt dafür, dass Nele und Nils zur Belohnung eine Jahreskarte für das Museum bekommen. Er erzählt den Kindern, dass der Mann mit dem Kanu von der Polizei aufgegriffen worden sei. „Der Kerl ist vorbestraft und hat wohl einfach die günstige Situation ausgenutzt." Der Professor streicht sich eine graue Haarsträhne aus dem Gesicht. „Er sagte der Polizei, dass das Schwert plötzlich wie von Zauberhand von selbst ins Wasser gefallen sei."
Nils grinst: „Sag' ich doch: Magie."

Das Wikinger Museum in Haithabu

In Filmen sind Wikinger oft wilde Krieger, die rauben und plündern. Im Wikinger Museum in Haithabu lernst du sie von einer anderen Seite kennen. Dort, wo sich heute das Museum mit seinen Außenanlagen befindet, lebten die Wikinger vom 8. bis zum 11. Jahrhundert. Natürlich hatten die Männer wertvolle Schwerter, und sie bauten großartige Schiffe, mit denen sie zu fernen Ländern aufbrachen – sogar bis nach Amerika. Aber sie waren auch hervorragende Handwerker und kluge Kaufleute. Es gab Glasperlenmacher, Goldschmiede und Wikinger, die aus Geweihen Knöpfe und Kämme herstellten. Mit diesen begehrten Produkten handelten die Wikinger.

Im zehnten Jahrhundert war Haithabu sogar das größte Handelzentrum in Nordeuropa.

Im Wikinger-Museum kannst du in die Welt der Wikinger eintauchen. Dort sind zum Beispiel archäologische Fundstücke wie Runensteine, Schmuck, Glasperlen und Waffen ausgestellt. Bestimmt wird dich das riesige königliche Langschiff aus der Wikingerzeit begeistern. Es war einmal das schnellste Boot auf der Ostsee. Vom Museumsgebäude erreichst du in wenigen Minuten zu Fuß das Freigelände mit sieben Häusern und der Hafenanlage direkt am Haddebyer Noor. Dort zeigen dir Mitarbeiter des

Blick auf das Haddebyer Noor

Museums in Wikinger-Kostümen an bestimmten Tagen im Jahr wie zum Beispiel Pfeil und Bogen hergestellt wurden oder wie Glasperlenmacher über dem offenen Feuer ihre Schmuckstücke mit Hilfe eines Stockes formten. Aktuelle Informationen zu diesen Aktionen findest du auf der Internetseite: **www.schloss-gottorf.de/haithabu**

Hier siehst du ein Foto des Gelän- ## Finde den Schatz der Wikinger
des von Haithabu. Das Gitternetz
kennst du bestimmt aus dem Erdkundeunterricht. Mit dessen Hilfe kannst
du jeden beliebigen Ort auf der Erde bestimmen. Suche nun die Buchstaben
anhand der Breiten- und Längenangaben und fülle sie in das Lösungswortkäst-
chen. Dann weißt du, welchen Schatz du gefunden hast. Die dick umrandeten
Buchstaben brauchst du wieder für das Lösungswort am Ende des Buches.

| 3C | 6H | 2E | 8H | 4A | 5G | 7C | 2B | 1A | 5C | 8D | 4F | 1H | 6B | 7G | 3H |
| D | R | A | C | H | E | N | K | O | P | F | N | A | D | E | L |

Die fetten Buchstaben mit den Zahlen benötigst du für das Gesamtlösungswort auf der Seite 111.

Lösungswort: DR(13)ACHE(6)NKOPFNADE(12)L

Landesmuseum Schloss Gottorf

Das Landesmuseum Schloss Gottorf ist nur einen Katzensprung vom Museum Haithabu entfernt. Wer von euch Mädchen wollte schon einmal durch ein echtes Schloss im Prinzessinnenkostüm lustwandeln? In einem bodenlangen Kleid aus edlen schillernden Stoffen, mit Rüschen und Satinbändern und dazu passenden Fächern? Oder ihr Jungen: Wer würde gern einmal in einem richtigen Rittergewand aus dem Mittelalter die Spuren der Vergangenheit verfolgen? Im Schloss Gottorf könnt ihr dies erleben: im Rahmen eines Kindergeburtstages oder während eines „Tages am Gottorfer Hofe im 18. Jahrhundert."

Im Landesmuseum Schloss Gottorf gibt es für euch aber noch mehr zu entdecken. Hier erfahrt ihr in verschiedenen Ausstellungen Spannendes über Rentierjäger der Steinzeit, über rund 2.000 Jahre alte Moorleichen oder über die Bootsfunde aus **Nydam** in Süddänemark.

> Das Nydam Moor wurde in der Zeit von 240 bis 400 Jahre n. Chr. als Opfermoor genutzt. Keine Angst! Es wurden keine Menschen ins Moor geworfen, sondern Schwerter, Schilder, Speere und Lanzen – wahrscheinlich, um die Götter zu besänftigen. Darüber hinaus beförderten die Krieger auch ganze Boote ins Moor, die dort konserviert und später fast unversehrt wieder ausgegraben wurden.

Hast du einen Teddybären, der bei dir mit im Bett schlafen darf? Wenn du schon größer bist, wahrscheinlich nicht, aber vielleicht interessiert es dich trotzdem, dass Teddybären seit dem 20. Jahrhundert ein treuer Freund des Menschen sind. Im Stadtmuseum in Schleswig gibt es eine große Auswahl historischer Teddys, aber auch altes Spielzeug wie Kaufmannsläden und Puppenküchen.
www.stadtmuseum-schleswig.de/ das-teddy-baer-haus

Das Leben auf dem Bauernhof

Die Arbeit auf einem Bauernhof fängt morgens in der Früh an. Also raus aus den Federn und misten, Kühe, Ziegen und Schafe füttern und die Tiere aus dem Streichelzoo mit frischem Wasser versorgen.

Dann kannst du helfen, die ausgebüxten Ziegen wieder einzufangen oder die Eier der Hühner einzusammeln. **Und wenn Du magst, darfst du auf einem echten Trecker mit dem Landwirt auf das Feld fahren.**

Langeweile gibt es hier nicht. Nach der Arbeit kannst du in einem nahe gelegenen See baden gehen oder mit deinen Eltern und Geschwistern auf dem Fahrrad die Umgebung erkunden. Oder du nimmst an einem Ausritt auf einem gut ausgebildeten und gutmütigen Pony teil. Abends steht dann Grillen, Kinderdisco oder eine Nachtwanderung auf dem Programm. Aber was ist, wenn es regnet? Kein Problem! In den Spielscheunen kannst du im Stroh toben, auf Trampolinen springen oder Tischtennis spielen.

Die
**Ostseereitschule Lütt
Piergorn** lädt dich zu einem Erlebnistag mit Pony und Pferden ein. Du darfst die lieben Vierbeiner putzen, streicheln, spazieren führen und – wenn du willst – auch reiten.
www.ostseereitschule.de

Übernachte einmal ungewöhnlich!

In einer **Heuherberge** zu übernachten ist ein besonderes Erlebnis. Du schläfst in einem Schlafsack auf einer Matratze aus frisch aufgeschüttetem Heu und Stroh, das wunderbar duftet. Nachts ist es in den Scheunen oder Ställen natürlich richtig dunkel, deshalb solltest du daran denken, eine Taschenlampe mitzubringen. Am kommenden Morgen kannst du mit deinen Freunden, Geschwistern oder Eltern ein leckeres Frühstück genießen.
www.heuherbergen.de

Camping ist ein kleines Abenteuer, egal ob du im Zelt, im Caravan oder im Wohnmobil schläfst. Du bist immer direkt in der Natur. Die Campingplätze in Schleswig-Holstein befinden sich fast alle in der Nähe der Nordsee und Ostsee oder in der schönen Natur des Binnenlandes. Du musst nur wenige Meter laufen und schon kannst du ins Meer oder in einen See springen. Und auf den Campingplätzen gibt es jede Menge Spaß und Aktion. Bei Sport, Spiel und Veranstaltungen kannst du schnell viele neue Freunde finden. Auf geht´s. **www.vcsh.de**

Wenn du mit deiner Familie mit dem Fahrrad unterwegs bist oder auf Wandertour, bringt es viel Spaß in einer **Jugendherberge** zu übernachten. Die Zimmer sind einfach, aber trotzdem gemütlich und auf den großen Frei- und Spielgeländen lernst du schnell andere Kinder und Jugendliche kennen. **www.djh-nordmark.de**

Erdbeeren, Kirschen und Himbeeren selbst pflücken: lecker!

Im Sommer wachsen in Schleswig-Holstein süße Erdbeeren, knackige Kirschen, leckere Himbeeren und fruchtige Heidelbeeren. Am schönsten ist es, die reifen Früchte selbst zu pflücken, denn dann schmecken sie besonders köstlich. **Viele Höfe und Güter bieten das Selbstpflücken an.** Entweder du nimmst einen kleinen Eimer mit oder du bekommst eine Schale an den Verkaufsständen. Die Mitarbeiter sagen dir dann, wo du pflücken kannst, und schon geht es los. Es bringt viel Spaß, sich die schönsten Erdbeeren, Himbeeren, Kirschen oder Heidelbeeren heraus zu suchen. **Die leckersten Früchte kannst du direkt auf dem Feld probieren – natürlich kostenlos!** Wenn du genug gepflückt hast, gehst du zum Verkaufsstand und lässt deine Schale oder deinen Eimer wiegen. Für deine eigene Ernte zahlst du sehr viel weniger Geld als für eine Schale aus dem Supermarkt. Zuhause kannst du die Früchte gleich frisch vernaschen, einfrieren oder Marmelade daraus kochen. Besonders lecker schmeckt auch eine Rote Grütze mit Waffeln.

Rote Grütze mit Waffeln

Zutaten:

Rote Grütze
500 g Kirschen, Himbeeren und Erdbeeren
250 ml schwarzer Johannisbeersaft
3 Esslöffel Zucker
2 Esslöffel Vanillepuddingpulver

Waffeln
125 g Butter und Margarine
50 g Zucker
2 Eier
abgeriebene Schale von einer ungespritzten Zitrone
1/4 l Milch
1 Teelöffel Backpulver
200 g Mehl

Zubereitung Rote Grütze:
Die Beeren putzen, kurz waschen und große Beeren halbieren. Dann 200 ml schwarzen Johannisbeersaft mit 2 El Zucker aufkochen. 50 ml schwarzen Johannisbeersaft mit dem Vanille-Puddingpulver gut verrühren. Es sollten keine Klumpen zu sehen sein! Alles in den heißen Saft rühren und noch einmal aufkochen. Die Beeren untermischen und nur ganz kurz erhitzen. Sie sollen nicht „matschig" werden. Dann die Grütze abkühlen lassen.

Zubereitung Waffeln:
Die Butter oder Margarine sehr schaumig rühren, das geht am besten mit einem Handrührgerät. Zucker, Eier, abgeriebene Zitronenschale dazu geben. Zum Schluss abwechselnd das mit dem Backpulver vermischte Mehl und die Milch unterrühren. Nun das Waffeleisen heiß werden lassen und mit Öl ausfetten. Mit einem Schöpflöffel Teig einfüllen und Waffeln goldbraun backen.

Dazu schmeckt frisch geschlagene und mit Zucker gesüßte Sahne.

Herrenhäuser und Schlösser in Schleswig-Holstein

Wenn du in Schleswig-Holstein unterwegs bist, wirst du immer wieder Schlösser und Gutshäuser entdecken. Diese historischen Gebäude befinden sich häufig inmitten der Natur, denn oft gehören große Ländereien dazu. Wahrscheinlich wirst du dich fragen, wer dort gelebt hat oder heute dort wohnt? **Viele Schlösser und Herrenhäuser befinden sich in Privatbesitz und sind nur nach Voranmeldung zu besichtigen.** Das Schloss Plön hingegen gehört einer Stiftung und dort kannst du an einer Führung durch den Rittersaal teilnehmen, der mit prunkvollen Kronleuchtern und kostbaren Antiquitäten ausgestattet ist.

Schloss Plön

Wie haben die Prinzessinnen und Prinzen auf einem Schloss gelebt? Welche Spiele kannten sie und was haben die vielen Portraits an den Wänden zu bedeuten? **Hier erlebst du hautnah, wie Großherzöge und Bischöfe gelebt haben.** Antworten auf diese Fragen erhältst du bei einer spannenden Führung durch das Eutiner Schloss. Zu sehen sind beeindruckende Gemälde, edle Wandbespannungen aus Seide und wunderschöne alte Kachelöfen.

Schloss Eutin

Das Wasserschloss Glücksburg in der Nähe von Flensburg ist ebenfalls für Besucher geöffnet. **Dennoch gehört dieses Schloss einem richtigen Prinzen!** Christoph Prinz zu Schleswig-Holstein und seine Familie sind die Eigentümer, auch wenn sie dort nicht leben. Wenn du durch die Räume schlenderst, wirst du dich wundern, wie edel und schön alles eingerichtet und dekoriert ist – wie im Film! Der Holzboden ist blank poliert, die Möbel stammen aus alten Zeiten und das Porzellan und Silber glänzt in den Schränken.

Schloss Glücksburg

Erlebniswald Trappenkamp

Im Erlebniswald Trappenkamp kannst du den Wald und die Natur hautnah erleben. In der WaldWasserWelt darfst du planschen, spielen und dir Mineralwasser direkt von einem neun Tonnen schweren Findling zapfen. Im größten Freiluft-Schmetterlingsgarten Norddeutschlands tummeln sich Schmetterlinge in allen möglichen Farben und Formen. Die Streuobstwiese, das Kräuter- und Duftbeet sowie ein großer Teich sind ein richtiges Schmetterlings-Paradies.

In der Waldausstellung wird dich das riesige Waldameisennest begeistern. Ganz aus der Nähe kannst du die fleißigen Insekten bei ihrer Arbeit – dem Hin- und Hertragen von Tannennadeln, Blätterresten und kleinen Holzstückchen – beobachten. **Eine besondere Attraktion ist die Wildschwein-Schaufütterung**,

Im Erlebniswald Trappenkamp gibt es auch einen Hochseil-Parcours, der bis in die höchsten Baumwipfel führt. Es erfordert schon Mut, gut gesichert die verschiedenen Hindernisse – wie zum Beispiel wackelige Hängebrücken – zu überklettern, aber es bringt auch viel Spaß, seine Ängste zu überwinden.
www.erlebniswald-trappenkamp.de

die sonn- und feiertags um 14 Uhr stattfindet. Über eine breite Holzsteganlage gelangst du zur Aussichtskanzel im Wildschweinwald. Die Pfleger schütten jede Menge Kohl, Möhren und Äpfel auf die Freifläche und schon kommen die Wildschweine angerannt und stürzen sich grunzend und quiekend auf das Futter. Im Frühjahr sind die drolligen Frischlinge mit dabei, und während der Paarungszeit im November und Dezember protzen die Keiler, also die männlichen Wildschweine, mit ihrer Stärke.

Arche Warder

Die Arche Warder ist Europas größter Tierpark für seltene und vom Aussterben bedrohte Haus- und Nutztierrassen. Hier leben Angler Sattelschweine, Telemark-Rinder, Alt-Oldenburger Pferde, Bentheimer Landschafe, die weiße gehörnte Heidschnucke und Wollschweine, aber auch Mini-Shetties und die kleinen, knuffigen Poitou-Esel, die sehr lange Ohren haben. Viele Gehege, zum Beispiel der Streichelzoo direkt am Eingang, haben Türen, damit du Ziegen, Schafe, Schweine und Esel auch aus der Nähe betrachten und streicheln kannst. Bei einem Rundgang lernst du alle Tiere kennen. Wundere dich nicht, wenn ein Blauer Pfau deinen Weg kreuzt oder eine Laufentenfamilie an dir vorbei watschelt. Diese Tiere leben nämlich ebenfalls in der Arche Warder.

Alle Tiere leben artgerecht in Außengehegen und geräumigen Ställen.

Das ganze Jahr über finden darüber hinaus verschiedene Veranstaltungen statt, zum Beispiel Schnupperstunden Pferdeflüstern oder die bei Kindern und Jugendlichen besonders beliebten Tierpflegeraktionen. Mehr Infos: www.arche-warder.de

Tierpark Gettorf
Im Affenhaus leben Totenkopfäffchen, Schimpansen und Schwarzpinseläffchen. Aber du kannst in dem Park auch andere exotische Tiere wie zum Beispiel Nasenbären, Schmuckschildkröten und sogar Flamingos beobachten.
www.tierparkgettorf.de

Wildpark Eekholt
Auf dem weitläufigen Gelände lernst du heimische Tiere wie Wildschweine, Kolkraben, Wildkatzen und Honigbienen in ihrer natürlichen Umgebung kennen. Besonders ulkig sind die Fischotter, die dich aus ihren großen Knopfaugen neugierig beobachten. **www.wildpark-eekholt.de**

Zoo Arche Noah
Hier leben Seehunde, Zwergesel, Emus und Bennetkänguruhs, aber auch Stachelschweine und Nasenbären. Viele Tiere darfst du streicheln. Eine Menge Spaß hast du bei einer Fahrt mit der Kindereisenbahn.
www.zoo-arche-noah.de

Eselpark Nessendorf
I-A, I-AAH ertönt es aus allen Richtungen. 100 Esel leben hier – und es kommen immer neue Fohlen dazu. Die gutmütigen Vierbeiner ziehen kleine Kutschen und können auch geritten werden. **www.eselpark.de**

Das Tier-Kreuzworträtsel

Wenn du die Texte über die Tier- und Wildparks gut durchgelesen hast, wirst du das Kreuzworträtsel schnell lösen können. Die dick eingerahmten Buchstaben brauchst du wieder für das Lösungswort am Ende dieses Buches.

Fragen:
1 Man nennt sie auch Waldpolizist.
2 Ist sehr groß und hat lange Ohren.
3 Steht auf einem Bein.
4 Ist pechschwarz.
5 Hat eine große lange Nase.
6 Ist dem Menschen sehr ähnlich.
7 Mag Fische besonders gern.
8 Ist sehr klein und hat lange Ohren.
9 Läuft sehr gern.
10 Alte Rinderrasse.
11 Sehr kleines Pony.

Die fetten Buchstaben mit den Zahlen benötigst du für das Gesamtlösungswort auf der Seite 111.

1 Waldameise, 2 Poitouesel, 3 Flamingo, 4 Kolkrabe, 5 Nasenbär, 6 Schimpanse, 7 Fischotter, 8 Zwergesel, 9 Laufente, 10 Telemarkrind, 11 Minishetty Lösungswort: WOL(7)LSC(4)H(5)WEIN

Ausmalbild

Nun bist du gefragt: Male das Bild mit Buntstiften aus!

Ein Storch in Gefahr

Das rote Kanu gleitet ruhig über das Wasser. Nele und Nils sitzen hintereinander, die Paddel fest in der Hand. Beide Kinder tragen dicke Pullover, Schwimmwesten, Jeans und feste Schuhe, denn es ist kühl und nebelig. Die Geschwister sind das erste Mal auf der Treene unterwegs.

> **Die Treene und die Sorge fließen in die Eider. Alle drei Flüsse bilden also eine zusammenhängende Flusslandschaft. Viele Wasservögel wie Storche und Bachstelzen finden hier ideale Lebensbedingungen. Die Eider mündet schließlich in den Nord-Ostsee-Kanal.**
> **www.sh-kanuland.de**

Der schmale Fluss verläuft in vielen weiten und auch engen Kurven durch die Marsch. An den Ufern des Flusses wächst saftiges Gras, hin und wieder sind Büsche und kleine Bäume zu sehen. Ein Mitarbeiter der Kanuvermietung hat das Boot zur Einsetzstelle in Sollerup gebracht. Die beiden Kinder wollen bis nach Treia paddeln. „Wozu hast du denn den Eimer mitgenommen?", fragt Nele ihren Bruder, der vor ihr sitzt.
„Bei Treia kann ordentlich Wasser ins Boot kommen."
„Wasser?", erwidert Nele entsetzt, „wieso das denn?"

„Dort ist eine Sohlgleite, also so eine Art kleiner Wasserfall. Und da müssen wir eben durch!"
Nele schüttelt ungläubig den Kopf: „Wenn ich das gewusst hätte, wäre ich nicht mitgekommen."
Nils blickt sich kurz um: „Das kriegen wir ganz locker hin!"
Nele ist skeptisch. Was ist, wenn das Boot kentert? Sie hat ihre nagelneuen Wanderschuhe an, außerdem hat sie wirklich gar keine Lust darauf, pitschnass zu werden. Wäre sie bloß mit ihrer Freundin Miriam zum Schwimmen gefahren, das wäre bestimmt viel lustiger geworden. Nun sitzt sie stattdessen in einem wackeligen Kanu auf dem Weg zu einem Wasserfall und weit und breit sind nur Wiesen und Felder zu sehen. Voll langweilig! „Guck mal eine Bachstelze", ruft ihr Bruder, und zeigt auf einen zierlichen schwarz-weißen Vogel, der auf einem Zaunpfahl hockt. „Sehr interessant", antwortet Nele schnippisch. Ihr Bruder reagiert gar nicht, sondern paddelt unbeirrt weiter.
Plötzlich kommt eine sehr enge Kurve, und das Boot wird leicht zum Ufer getrieben. Mit ein paar kräftigen Paddelschlägen bringen die Geschwister das Kanu jedoch wieder auf die richtige Spur. Sie fahren unter einer Straßenbrücke durch und erreichen schließlich eine kleine Sandböschung. „Hier können wir doch mal eine Pause machen", schlägt Nils vor und Nele nickt zustimmend. Sie ziehen gemeinsam ihr Boot an Land, holen ihre Rucksäcke heraus und setzen sich auf ihre ausgebreiteten Jacken. Ihre Mutter hat ihnen belegte Brote, Kekse,

Schokolade, Äpfel und kleine Wasserflaschen eingepackt. Lecker! Als die beiden ihr Frühstück beendet haben, hat sich der Nebel verzogen, und die Sonne lugt hinter den Wolken hervor. Nele und Nils packen ihre Rucksäcke und ziehen das Kanu zurück ins Wasser. Als sie eine weitere Kurve durchfahren haben, versperrt ihnen plötzlich ein riesiger umgeknickter Baum den Weg. Den beiden Geschwistern gelingt es in letzter Minute gegenzusteuern, fast wären sie mit ihrem Kanu in die heraus ragenden Äste gekracht. Aber was ist das? Ein Weißstorch sitzt auf dem Baumwipfel und flattert verzweifelt mit den Flügeln. „Der ist eingeklemmt", ruft Nils aufgeregt. Nele greift zu einem Ast und bringt so das Kanu zum Stehen: „Der arme Vogel! Wie können wir ihm nur helfen?" Die roten Beine des Storches haben sich in einer Astgabel verhakt. „Wir müssen versuchen, die Äste auseinander zu biegen", sagt Nils entschlossen. Die beiden Kinder legen die Paddel ins Boot und ziehen sich an den Ästen entlang in die Nähe des Storches, der sofort noch aufgeregter mit den Flügeln schlägt. „Ganz ruhig", sagt Nele besänftigend, „wir tun dir doch nichts, wir wollen dir doch nur helfen."

„Halt das Boot fest!", fordert Nils seine Schwester auf. Er nimmt sein Paddel und stößt es vorsichtig zwischen die Astgabel. Das Kanu wackelt und er rutscht ab. „Mist", flucht Nils, aber er versucht es gleich noch einmal. Diesmal klappt es und er steckt das Paddelblatt zwischen die Astgabel. „Halt durch kleiner Storch", flüstert Nele, die ihren Bruder am Rücken abstützt, damit er nicht aus dem Boot fällt. Nils drückt das Paddel nach unten, Zentimeter für Zentimeter. Dann

endlich ist genügend Platz da und mit einem heftigen Flügelschlag kann sich der Storch befreien. Er landet etwas wackelig auf der Wiese direkt am gegenüber liegenden Ufer. Nils und Nele setzen sich atemlos zurück auf ihre Plätze, umpaddeln den Baum und lassen sich bis an die Böschung treiben. Nils zieht sein Fernglas aus dem Rucksack. „Geht es ihm gut?", fragt Nele besorgt. „Ich glaube, er ist okay", erwidert ihr Bruder. Sie beschließen, aber später den Kanuverleiher zu informieren. Vielleicht ist es wichtig, den Storch noch eine Weile im Auge zu behalten. Nach diesem Abenteuer ist die Fahrt durch die Sohlgleite bei Treia für Nils und Nele ein Klacks. Ohne Mühe durchqueren sie den sprudelnden Strom. „Das hat Spaß gemacht!", jauchzt Nele vergnügt. Allerdings sind einige Liter Wasser im Boot gelandet, das die Kinder mit Hilfe ihres Eimers wieder nach draußen kippen. Nils deutet auf Neles Schuhe: „Die sind ja ganz nass geworden!" Nele lacht. „Das ist nun wirklich das kleinste Problem."

Der kürzeste Weg zwischen Nordsee und Ostsee

Wer von der Nordsee zur Ostsee gelangen will, kann natürlich mit dem Auto oder der Bahn fahren. Aber es gibt auch eine andere Möglichkeit. Schaue dir noch einmal die Karte von Schleswig-Holstein auf Seite 17 an! Hast du eine Idee?

Richtig – du kannst über den Nord-Ostsee-Kanal (NOK) von der Nordseeküste zur Ostsee gelangen. **Dieser Kanal ist eine künstliche Wasserstraße, also von Menschen erbaut, und 98,64 Kilometer lang.** Am 3. Juni 1887 startete Kaiser Wilhelm I. die Bauarbeiten, die acht Jahre dauern sollten. Bis zu 8.900 Arbeiter hoben die Erde für die Fahrrinne aus. Der NOK ist die meist befahrene künstliche Wasserstraße der Welt. Eine besondere Attraktion sind die vielen Kreuzfahrtschiffe, die regelmäßig den Kanal durchqueren.

Auf der Karte erkennst du auch die beiden Endpunkte des Kanals: der eine ist in Brunsbüttel an der Elbe und der andere in Kiel-Holtenau an der Kieler Förde. An beiden Enden befinden sich so genannte Schleusen, mit denen die wechselnden Wasserstände ausgeglichen werden. **Eine Schleuse ist eine Art Fahrstuhl für Schiffe.** Anstelle der Etagen in einem Wohnblock gibt es in Gewässern verschiedene Wasserhöhen, die zum Beispiel durch die Gezeiten und Winde verursacht werden. In einer Schleuse, die aus einer Kammer und zwei Schleusentoren besteht, wird z.B. ein Tanker behutsam von einem hohen zu einem niedrigen Wasserstand transportiert. Das ist ganz schön aufwändig und dauert seine Zeit.

Die Landeshauptstadt Kiel

Schleswig-Holstein wird von Kiel aus regiert. Der Landtag, in dem auch die Ministerpräsidentin oder der Ministerpräsident ihr oder sein Büro hat, befindet sich direkt an der Förde. Vom Plenarsaal aus können die Abgeordneten und Besucher die Schiffe und Boote beobachten. Beeindruckend sind die Kreuzfahrtschiffe, die von hier aus in Richtung Norden starten. Kiel nennt sich auch KIEL.SAILING CITY und das nicht ohne Grund. Jedes Jahr findet Ende Juni hier das größte Segelsportereignis der Welt – die Kieler Woche – statt. Für Kinder und Jugendliche gibt es ein tolles Programm: Theatervorstellungen, Hüpfburgen, Segelwettbewerbe, Mitmachaktionen und Konzerte von Top-Bands.

rechts: der Landtag

Segelschulschiff Gorch Fock

Över 5.000 Seilers op bito 1.800 Jachten vun all fief Kontinenten un Hunnertdusende von Besökers hebbt Kiel to dat Seil-Mekka maakt.*

*Über 5.000 Segler, bis zu 1.800 Yachten von allen fünf Kontinenten und hunderttausende Besucher haben Kiel zum Segel-Mekka gemacht.)

Der verlorene Pirat von Eckernförde

Das Knallen der Kanonen ist ohrenbetäubend. Nele und Nils sind schon zum zweiten Mal auf dem Piratenspektakel in Eckernförde und haben sich vorsorglich Watte in die Ohren gestopft. Das dunkelbraune mit bunten Wappen verzierte Piratenschiff ist nur wenige Meter vom Strand entfernt vor Anker gegangen. Die ersten Piraten springen in die Ostsee, um an Land zu schwimmen. Die Fischer in ihren blauen schmalgestreiften Hemden legen die Netze beiseite und zücken ihre Schwerter, Stöcke und Paddeln: „Piraten!", schreien sie entsetzt. Die Soldaten der Stadt Eckernförde sind sich sicher: Das kann nichts Gutes bedeuten. Schnell bringen sie ihre Kanonen am Strand in Stellung und erwidern das Feuer. Es knallt und weißer Rauch steigt auf. Nils und Nele verfolgen in ihren Piratenkostümen gebannt das Schauspiel. Beide tragen geringelte T-Shirts, zerfetzte Jeans und Augenklappen. Nele hat sich ein rotes Tuch um den Kopf gebunden, ganz nach Piratenart versteht sich.

Die ersten Seeräuber erreichen das Ufer und schwingen ihre Säbel. Verzweifelt versuchen die mutigen Fischer, sie aufzuhalten - ohne Erfolg. „Die Piraten haben Eckernförde in der Hand!", ruft Piraten Käpt`n Cord, der mit seiner engen Piratenhose, dem Blut verschmierten weißen Hemd und den wilden schwarzen Haaren wirklich zum Fürchten aussieht. An seiner Seite hält die Piratenbraut Mary ihr Schwert in die Luft und schüttelt ihre braunen Locken: „Jawohl und jetzt holen wir uns den Bürgermeister und die Stadtkasse." Nele ist begeistert. So möchte sie auch einmal aussehen! Die Piratin ist groß und schlank, trägt eine glitzernde

schwarze Pluderhose und eine rote schulterfreie Carmenbluse. An ihren Ohren baumeln riesige goldene Ohrringe und ihre Füße stecken in wildledernen, fast kniehohen Stiefeln. Nele beschließt, sich das nächste Mal genau so zu verkleiden. Für das alberne Ringel-Shirt ist sie sowieso zu alt. Die Piraten marschieren in Richtung Innenstadt, um das Rathaus zu kapern. Nele, Nils und die Zuschauer in ihren bunten Piratenkostümen verlassen den Strand, um das Schauspiel weiter zu verfolgen. Nur ein kleiner Piratenjunge bleibt am Strand zurück. Nele blickt sich noch einmal um: „Guck mal Nils!", sagt die besorgt, „wo ist denn die Mutter des Kleinen?" Nils zuckt mit den Schultern: „Keine Ahnung, die muss doch irgendwo sein." Die Piraten, Fischer und Soldaten sind verschwunden, aber der kleine Pirat sitzt immer noch im Sand. Gedankenverloren baut er mit einer Schippe eine Burg. „He du!", sagt Nele freundlich und beugt sich zu ihm hinunter. „Wer bist du denn?" Der Kleine schaut auf und grinst. Sein Gesicht ist mit Sommersprossen übersät. Nele schätzt, dass

er ungefähr zwei Jahre alt ist. „Pirat, bin ich", antwortet der Junge und zupft an seinem schwarzen T-Shirt mit Totenkopf-Aufdruck. Sein ebenfalls schwarzes Kopftuch ist ihm ins Gesicht gerutscht, rot-blonde Locken quellen darunter hervor. Nele zupft das Tuch wieder gerade: „Und deine Mutter?"

„Mama auch Pirat", antwortet der Junge stolz. „Er meint bestimmt, dass seine Mutter auch als Piratin verkleidet ist", mutmaßt Nils. Der Junge verschränkt die Arme vor der Brust und schiebt seine Unterlippe trotzig nach vorn: „Nein, Mami richtiger Pirat!"

Nele richtet sich auf und blickt sich um. Kein Mensch ist mehr am Strand, nur ein paar einsame Fischernetze, Stöcker und Paddeln liegen im Sand. Sie reicht dem Jungen ihre Hand: „Komm, wir suchen mal deine Mami!" Nils nimmt seine andere Hand und mit dem kleinen Piraten in ihrer Mitte machen sie sich auf den Weg zum Rathaus.

Dort ist mittlerweile die Hölle los. Das Fenster im oberen Stockwerk wird geöffnet, und der Bürgermeister in seinem dunklen Anzug beugt sich händeringend hinaus: „Hilfe, Piraten!" Kurze Zeit später ist ein weiterer Pirat mit einem riesigen schwarzen dreieckigen Hut, in dem eine blaue Feder steckt, zu sehen. Er hält eine Holzkiste empor: „Wir haben die Stadtkasse!" Das Volk auf dem Rathausplatz jubelt. Nele und Nils bahnen sich mit ihrem Schützling an der Hand einen Weg durch die Menge. Die Tür des Rathauses öffnet sich, und Käpt`n Cord schubst den Bürgermeister, dessen Hände in Ketten gelegt sind, nach draußen. Der Pirat mit dem großen Hut zerrt ihn nun zum Fahnenmast und zwingt ihn, die Fahne von Eckernförde einzuholen. Käpt`n Cord drückt dem Bürgermeister die Piratenflagge mit dem Totenkopf in die Hand und unter dem Grölen

der gesamten Piratenbande hisst der Gefangene das wehende Symbol der Piraten. Ein Schrei ertönt aus der hinteren Reihe: „Till! Da bist du ja!" Piratenbraut Mary schiebt ihre Kameraden energisch zur Seite und stürmt auf den kleinen Piraten zu, der immer noch fest an den Händen von Nele und Nils in der Zuschauermenge steht. Der Kleine reißt sich los und rennt mit hoch gehobenen Armen auf seine Mutter zu: „Mami!" Die Piratenbraut drückt den kleinen verloren gegangenen Piraten an sich: „Ich habe dich schon überall gesucht!"

Nils stößt seine Schwester an: „Das hat der Lütte also damit gemeint, dass seine Mutter ein Pirat sei."

Piratenbraut Mary bedankt sich überschwänglich bei Nils und Nele: „Till spielt in unserem Stück mit", erklärt sie, „er ist sozusagen unser Piratenkind. Aber in dem Tumult am Strand haben wir ihn verloren!" Sie zupft ihre goldenen Ohrringe ab und drückt sie Nele in die Hand: „Das ist für dich, vielen Dank noch einmal!" Später ziehen die Piraten mit ihrer Beute in Richtung Hafen. Der kleine Till sitzt auf den Schultern seiner Mutter. Als die beiden an Nils und Nele vorbeikommen, winkt der Kleine seinen Rettern wie wild zu. Nach Piratenart, versteht sich.

www.ostseebad-eckernfoerde.de/piratenspektakel.html

Auch in vielen anderen Orten in Schleswig-Holstein sorgen Piraten für viel Aufregung.
www.ostsee-schleswig-holstein.de/de/piratenwoche

Piraten in Schleswig-Holstein

Bestimmt kennt ihr die „Fluch der Karibik"-Filme mit Pirat Jack Sparrow. Piraten gab es aber nicht nur in der Karibik, sondern auch auf der Nord- und Ostsee. Michael Gödecke und Klaus Störtebeker machten am Ende des 13. Jahrhunderts die beiden Meere unsicher. Besonders hatten sie es auf die Schiffe der Hanse, einem Bund aus mehreren Städten entlang der norddeutschen Küste, zu denen Lübeck, Hamburg, Bremen, Rostock und Wismar zählten, abgesehen. Bei einer Schlacht vor Helgoland gegen die Hanse wurde Klaus Störtebeker gefangen genommen und später in Hamburg geköpft. Einige Monate später ereilte Michael Gödecke und seine Leute ein ähnliches Schicksal. Soldaten der Hanse nahmen die Piraten gefangen. Man brachte sie nach Hamburg, wo sie ebenfalls hingerichtet wurden.

Die Piraten nannten sich Likedeelers, was so viel heißt wie zu gleichen Teilen teilen.

Es gibt
einen tollen Film über die Abenteuer
von Störtebeker und Gödecke: „12 Meter ohne Kopf".
Der Film wurde u.a. in Kappeln gedreht.
wwws.warnerbros.de/12meterohnekopf

Lübeck und die Hanse

Lübeck war eine der wichtigsten Städte der Hanse, der erfolgreichsten Handelsmacht des Mittelalters. Wenn du die Stadt besuchst, wird dich vieles an diese glorreiche Zeit erinnern. Lübeck liegt in der Nähe der Ostsee. Die Koggen — Ozeanriesen aus Holz — transportierten von dort die Waren über die Meere. **Vor allem Heringe und Salz, das weiße Gold des Mittelalters, fanden reißenden Absatz.** Ein reger Handel mit ganz Europa entstand und Lübeck entwickelte sich zur „Königin der Hanse". In dieser Zeit wurden prächtige Bauwerke wie der Dom oder die Marienkirche errichtet — Meisterwerke der sogenannten Backsteingotik. Sicher kennst du das Holstentor im Zentrum Lübecks? Es ist eines der bekanntesten Bauwerke in Europa.

Die damaligen Ratsherren waren mächtig, aber sie kümmerten sich auch um ihre Bürger. Einige Ratsherren gründeten das Heiligen-Geist-Hospital, indem heute ein Altenheim untergebracht ist. **Die besondere Lebensweise der Lübecker – als kluge Kaufleute und sozial engagierte Bürger – kannst du bei einem Besuch der Stadt mit ihren typischen Kaufmanns-Häusern und engen verwinkelten Gassen erleben.** In einem noch heute zu besichtigenden Haus in der Mengstraße 4 schrieb der berühmte Schriftsteller Thomas Mann seinen Roman „Die Buddenbrooks", die Geschichte einer Lübecker Kaufmannsfamilie.

www.buddenbrookhaus.de

Magst du gerne Marzipan? Nicht ohne Grund wird Lübeck auch als Marzipanstadt bezeichnet. Von hier aus wird die begehrte Süßigkeit in alle Länder der Welt verschickt.

Das Lübecker Marzipan ist weltberühmt. Marzipan aus Lübeck besteht aus besonders guten Mandeln, wenig Zucker und einer mit Rosenwasser vergleichbaren Zutat. Jede Firma, die Marzipan in Lübeck produziert, besitzt ein eigenes Geheimrezept, denn auf die optimale Mischung der Zutaten kommt es an.

Im Hansapark in Sierksdorf, Deutschlands einzigem Erlebnispark am Meer, nur wenige Kilometer von Lübeck entfernt, steht eine Miniaturausgabe des Holstentores, welche als Eingang zu dem beliebten Themenpark am Meer dient. 36 Fahrattraktionen wie z.B. die „Schlange von Midgard" und das Flugkarussel „Torre del Mal" versprechen jede Menge Spaß und Abwechslung.
www.hansapark.de

Marzipanschweinchen selbstgemacht

Zutaten:
Marzipanrohmasse
gesiebter Puderzucker
rote Lebensmittelfarbe
oder Rote-Beete-Saft

Zubereitung:

Verknete die Marzipanrohmasse mit ein paar Tropfen roter Lebensmittelfarbe und gesiebtem Puderzucker bis alles nicht mehr so an den Händen klebt. Dann kannst du auch schon kleine Marzipanschweinchen aus einer großen und kleinen Kugel formen. Die Ohren und das Ringelschwänzchen nicht vergessen. Die Augen drückst du mit der Spitze des Deckels der Lebensmittelfarbentube in das Marzipan. Eventuell eine Zuckerperle in die Vertiefung setzen.

Lübeckquiz

Wer schrieb den Roman „Die Buddenbrooks"?	M	Thomas Mann
	K	Theodor Storm
	Q	Thomas Brezina
Wo steht das Holstentor?	A	im Zentrum von Lübeck
	W	am Holstein-Stadion in Kiel
	X	in der Holsten-Straße in Hamburg
Wie wurde das Salz im Mittelalter bezeichnet?	R	das weiße Gold des Mittelalters
	I	das Salz in der Suppe
	U	das Salz der Erde
Wie wird Lübeck auch genannt?	H	Schokoladenstadt
	E	Stadt der Dichter und Denker
	Z	Marzipanstadt
Was ist Backsteingotik?	I	eine im Norddeutschen Raum sehr verbreitete Bauweise
	P	ein düsterer Modestil von Jugendlichen
	M	ein Computerspiel
Was ist eine Kogge?	F	ein Motorrad
	O	eine Hunderasse
	P	ein Handelsschiff im Mittelalter
Was bedeutet Hanse?	A	ein Zusammenschluss von Städten entlang der norddeutschen Küste
	X	ein Fußballverband
	Z	ein Spirituosenhersteller
An welchem Fluss liegt Lübeck?	T	an der Eider
	A	an der Sorge
	N	an der Trave

Lösungswort: M(1)ARZIPAN

Die fetten Buchstaben mit den Zahlen benötigst du für das Gesamtlösungswort auf der Seite 111.

Die Vampire vom Kalkberg

Wenn du die Höhle im Segeberger Kalkberg betrittst, ist es erst einmal unheimlich dunkel und ganz schön kalt. Im schimmernden Licht erkennst du gespenstig wirkende Steinwände. Etwas Kleines, Schwarzes flattert über dich hinweg. Das ist eine Fledermaus auf dem Weg von einem Felsvorsprung zum nächsten. Vielen Menschen sind Fledermäuse etwas unheimlich, oft werden sie auch Vampire genannt. In Wirklichkeit sind Fledermäuse faszinierende Flugkünstler, die sich mit Hilfe der Echoortung orientieren. Die Nachtjäger haben auch einen Magnetsinn. Bei Langstreckenflügen orientieren sie sich an den Linien des Erdmagnetfeldes, ähnlich wie Zugvögel und viele andere Tierarten. Warum schlafen Fledermäuse im Hängen? Wie können sie im Dunkeln jagen? In der ganzjährig geöffneten Erlebnisausstellung findest du Antworten auf deine Fragen.

www.noctalis.de

In Wirklichkeit sind Fledermäuse faszinierende Flugkünstler, die sich mit Hilfe der Echoortung orientieren.

Das Fledermaus-Suchspiel

Wie viele Fledermäuse haben sich hier versteckt?

Fledermäuse sind nachts aktiv und erholen sich am Tag in der Höhle. Hier halten sie auch ihren Winterschlaf.

Lösung: fünfzehn

Karl-May-Spiele Bad Segeberg: Hilfe, Indianer!

Kennst du den legendären Apachenhäuptling Winnetou und seinen treuen Freund Old Shatterhand? Die beiden kämpfen für das Gute und müssen sich gegen Schurken, die es vor allem auf Geld, Schätze, Alkohol und Waffen abgesehen haben, zur Wehr setzen. **Im Freilichttheater in Bad Segeberg erlebst du ihre Abenteuer wie „Der Ölprinz" oder „Der Schatz im Silbersee" live!** Indianer mit ihren gescheckten Ponys galoppieren mit Kampfgeheul genau neben deinem Sitz vorbei, du hörst das Knallen der Gewehre und siehst, wie eine Explosion riesige Wolken in den Himmel treibt. Die Vorstellungen am Abend enden mit einem fantastischen Feuerwerk.

Gleich neben dem Freilichttheater ist das Indian Village. Es gibt einen Saloon, einen Barber-Shop, einen Krämerladen und das Büro des Sheriffs mit einer vergitterten Gefängniszelle. **In der Ausstellung „Die Welt der Indianer" kannst du dir einen Eindruck vom Leben im Wilden Westen um 1880 machen.** Dort siehst du einen über hundert Jahre alten Rohhaut-Zylinder für eine Federhaube, perlenbestickte Kinder-Mokassins und ein Steinpfeil der Plains-Indianer aus der Zeit um 1900.

www.karl-may-spiele.de

Ein selbstgemachtes Indianer-Kostüm

Du brauchst:
- ein altes T-Shirt und Filzreste
- verschiedene selbstgesammelte Federn
- Fotokarton in Indianerbraun
- Heißklebepistole
- einen biegsamen Ast für einen Bogen
- Schnur (Paketband)
- eine Papprolle, in denen Plakate oder Poster aufbewahrt werden
- kleine Zweige

1. Das alte **T-Shirt** auf dem Tisch ausbreiten.
2. Dann schneidest du Indianer-Motive aus den **Filzresten** aus, z.B. den Kopf eines Bisons oder einfach nur indianische Muster und klebst sie auf den Stoff auf.
3. Der Indianer-Federschmuck ist ebenfalls schnell gemacht. Von dem **Fotokarton** einen 4 cm breiten und ca. 56 cm langen Streifen abschneiden. Diesen Kartonstreifen der Größe deines Kopfes anpassen und die Pappenden zusammenkleben.
4. Nun die **Federn** mit dem **Heißkleber** auf dem Pappstreifen befestigen.
5. Jetzt brauchst du noch einen Bogen, Pfeile und einen Köcher. Suche einen biegsamen **Ast**, den du vorsichtig mit dem Taschenmesser von der Rinde befreist.
6. An beiden Enden eine kleine Kerbe hineinschnitzen. Nun kannst du die Schnur an einem Ende verknoten, den Bogen spannen und dann die **Schnur** am zweiten Ende befestigen.

7. Für die Pfeile benötigst du **kleine und möglichst gerade Äste**, die du ebenfalls vorsichtig entrindest.

8. Ganz einfach lässt sich ein Köcher für die Pfeile herstellen. Du nimmst die **Plakat-Papprolle** und bohrst mit Hilfe deines Taschenmessers zwei Löcher oben und unten in die Pappe und fädelst eine dickere Schnur nacheinander durch beide Öffnungen und befestigst sie mit zwei Knoten im Inneren der Papprolle.

9. Nun kannst du deinen Köcher noch indianisch bemalen!

Kleinere Kinder sollten Mami, Papi, Oma oder Oma um Hilfe bitten!

Die gesalzene Fahrradtour

Die Jugendherberge von Mölln, in der Nele und Nils mit ihren Eltern übernachtet haben, befindet sich auf einer kleinen Anhöhe über dem Ziegelsee. Die Geschwister radeln von dort aus zum Elbe-Lübeck-Kanal. Ihre Eltern müssen arbeiten und sind deshalb nach dem Frühstück nach Hause gefahren. Der Fahrradweg „Alte Salzstraße" führt direkt am Wasser entlang und hat nur wenige Steigungen. Nils und Nele freuen sich über das gute Wetter: Der Himmel ist wolkenlos und es weht ihnen eine leichte Brise vom Kanal entgegen. Noch lässt sich nicht erahnen, was sich einige Kilometer entfernt zusammen braut.

Die künstliche Wasserstraße schlängelt sich fast wie ein Fluss durch die hügelige Landschaft, vereinzelt sind kleine weiße Motorboote und Paddelboote darauf zu sehen. Die beiden Kinder wollen heute bis nach Lübeck fahren, wo ihre Eltern sie mit dem Auto abholen werden. „Hoffentlich kommen sie pünktlich", sagt Nele, „beim letzten Mal mussten wir fast eine Stunde warten." Nils lacht: „Ja, das stimmt, aber ich habe Papa vorhin noch einmal angerufen. Er hat versprochen, gleich nach der Arbeit loszufahren." Als Nele und Nils die Donnerschleuse erreichen, fährt gerade ein kleines flaches Frachtschiff in die Schleusenkammer. „Das müssen wir uns angucken", meint Nils und beide treten kräftig in die Pedalen. Hinter der Stahlbrücke halten die beiden an und steigen von ihren Fahr-

> Die Donnerschleuse wurde von Friedrich Ludwig August Hotopp, einem deutschen Bauingenieur, konstruiert. Sie funktioniert ohne Strom, sondern nur aufgrund hydraulischer Kräfte, die wegen der unterschiedlichen Wasserstände entstehen. Auch nach über 100 Jahren funktioniert die Schleuse noch einwandfrei.

rädern. Die beiden riesigen Schleusentore aus Stahl schließen sich gerade und der kleine Frachter in der Schleusenkammer schaukelt auf dem Wasser des Kanals sanft hin und her. Nach nur wenigen Minuten öffnet sich das zweite Tor und das Frachtschiff kann weiter fahren.

Als Nele und Nils den kleinen Ort Berkenthin erreichen, sind sie ziemlich erschöpft. Sie beschließen, eine Pause zu machen und die Maria-Magdalenen-Kirche zu besichtigen, die sie über die Kirchsteigbrücke schnell erreichen. Nele und Nils bewundern die aufwendigen Wandmalereien, den schwebenden Taufengel und die Maria-Magdalenen-Statue und bemerken nicht, wie draußen dunkle Wolken aufziehen. In der Ferne ist ein Grollen zu hören, ansonsten ist es unheimlich still. In dem Moment, als die Geschwister die Kirche wieder verlassen wollen, blitzt und donnert es und heftiger Wind schlägt ihnen entgegen. „Lass uns schnell wieder hinein gehen!", ruft Nils und Nele schließt die Kirchentür hinter sich zu. „Ein Glück sind wir hier in Sicherheit!", seufzt Nele

erleichtert. Die beiden sitzen dicht nebeneinander auf einer Kirchenbank, während draußen der Regen nieder prasselt. Die Blitze werfen zuckendes Licht durch die spitz zulaufenden bunten Kirchenfenster. Nele ist froh, ihren großen Bruder bei sich zu haben, dem das Gewitter offensichtlich überhaupt nichts ausmacht. Sie zuckt bei jedem Blitz und Donner zusammen und ist überaus erleichtert als endlich alles vorbei ist, und sie die Kirche wieder verlassen können. Die Steintreppe vor der Kirche ist mit Wasser überflutet, und von den Blättern der Bäume fallen immer noch dicke Tropfen herab. Als sie die Kirchstegbrücke überqueren, um wieder zu ihren Fahrrädern zu gelangen, gleitet ein langes, flaches Holzboot unter ihnen hinweg. Kein Mensch ist darauf zu sehen: „Das ist ja gruselig", flüstert Nele, „wie ein Geisterschiff". „Das müssen wir aufhalten", ruft ihr Bruder und rennt los. „Halt, warte auf mich", schreit Nele, aber ihr Bruder ist schon auf dem Weg zum Kanalufer. Nils rennt und rennt, es muss doch möglich sein, das Boot zu stoppen. Vielleicht hat der Wind es losgerissen? Wem es wohl gehört? Es sieht nicht gerade modern aus, eher wie ein Boot aus vergangenen Zeiten. Vielleicht doch ein Geisterschiff? Nein, an so einen Humbug glaubt er nicht. Er bleibt stehen und atmet tief durch. Tatsächlich: Das Boot treibt steuerlos über das Wasser, der nachlassende Wind treibt es in seine Richtung. Ob es ihm gelingen kann, einfach hineinzuspringen? Das Boot ist zwar flach, sieht innen aber sehr geräumig aus. Er wartet einen Moment, nimmt einen kurzen Anlauf und springt. „Nein!", schreit seine Schwester,

aber da ist es schon zu spät. Nils fliegt durch die Luft, rudert kurz mit den Armen, streift mit seinen Füßen die Bordkante und landet auf dem Boot. Durch den Aufprall wird das Boot wieder vom Ufer weg getrieben, aber Nils sieht auf dem Boden zwei längere Stöcker aus Holz

> „Na dann man tau!" ist plattdeutsch und heißt soviel wie: „Nun aber los!"

liegen. Er greift sich einen und stößt diesen Nele entgegen. Seine Schwester greift sofort zu, aber sie ist zu schwach, um das Boot anzuhalten. Doch dann packen zwei große Hände hinter ihr zu: „Warte min Deern, ich helfe dir." Nele blickt sich um. Der Mann im dunkelblauen Hemd und mit einem um den Hals gewickelten roten Tuch lächelt aufmunternd: „Na dann man tau."
Gemeinsam ziehen sie das Boot ans Ufer und helfen Nils, wieder an Land zu kommen.
„Da hast du ja eine echte Heldentat vollbracht", sagt der Mann. Er streckt den beiden Kindern seine Hand entgegen: „Ich bin Paul."
„Ist das Ihr Schiff?", fragt Nele neugierig.
Paul rückt seine dunkelblaue Schiebemütze zurecht. „Ne, du, das

> Mit einem Salz-Prahm transportierten die Menschen im Mittelalter das Salz aus Lauenburg bis nach Lübeck. Bei dem Salz-Prahm aus Berkenthin handelt es sich um einen originalgetreuen Nachbau aus Lärchenholz. Das Schiff ist gut 10 Meter lang, fast 2,40 Meter breit und hat eine Bordhöhe von 80 cm.

ist unser Salz-Prahm, den haben wir hier alle selbst gebaut. Der muss sich im Sturm losgerissen haben."
Paul lädt die Kinder auf eine heiße Schokolade ins Café ein und erzählt ihnen die ganze Geschichte von dem nachgebauten Boot, mit dem früher das Salz über den Kanal bis nach Lübeck transportiert wurde.
„Ah, Lübeck!", sagt Nils, „das haben wir ganz vergessen. Wir müssen uns beeilen, unsere Eltern wollen uns dort abholen."
Nils ruft seinen Vater an, und Paul bringt die Kinder zu ihren Rädern. Schnell drückt er Nele noch einen kleinen Beutel Salz in die Hand: „Hier, für eure Eltern. Als kleine Entschädigung dafür, dass eure Salzstraßen-Tour doch etwas länger gedauert hat."

Herzogtum Lauenburg

Das Herzogtum Lauenburg liegt direkt vor den Toren Hamburgs. **Hier gibt es mehr als 40 Seen, grüne Wälder, verschlungene Flüsse und historische Städtchen.** Du kannst auf der Alten Salzstraße Radfahren, mit dem Schiff auf der Elbe entlang schippern oder dir die Till Eulenspiegel Stadt Mölln oder Ratzeburg anschauen. Ratzeburg wird auch „Die Inselstadt" genannt, denn sie liegt inmitten des Naturparks Lauenburgische Seen und ist nur über drei Dämme mit dem Festland verbunden.

Mitten durch das Herzogtum Lauenburg zieht sich der mittelalterliche Handelsweg „Alte Salzstraße". Fuhrleute brachten im Mittelalter das wertvolle Salz von Lauenburg zunächst über das Land und später über den Kanal nach Lübeck. Von dort aus wurde es weiter verschifft. Der gut ausgeschilderte und 100 Kilometer lange Radfernweg „Alte Salzstraße" führt genau dort entlang und lässt sich in drei Etappen locker bewältigen. Jugendherbergen bieten dir und deiner Familie günstige Übernachtungsmöglichkeiten.
www.hlms.de

Eulenspiegelstadt Mölln

Die Stadt Mölln liegt inmitten des Naturparks Lauenburgische Seen. Till Eulenspiegel soll hier um 1350 kurze Zeit gelebt haben und im Heilig-Geist-Hospital gestorben sein. Mölln ist sehr stolz auf seinen prominenten Bürger. Sehenswert ist der Eulenspiegel-Brunnen des Bildhauers Karlheinz Goedtke. Die Geschichten über Till-Eulenspiegel schrieb Hermann Bote nieder und verhalf dem Schalk damit 1510 zu einem beachtlichen literarischen Erfolg – bis heute. Till Eulenspiegel wird immer als Narr dargestellt. Wichtigstes Erkennungszeichen ist die

Finde den Schatz von Till Eulenspiegel! Du bekommst ein GPS Gerät und musst zahlreiche Rätsel im Möllner Stadtgebiet lösen.
www.moelln-tourismus.de

Narrenkappe mit den zwei Zipfeln. Seine Streiche ergeben sich meistens daraus, dass er eine bildliche Redewendung wie zum Beispiel „Den Bock zum Gärtner machen" wörtlich nimmt. Nur auf den ersten Blick ist dieses Verhalten närrisch oder dumm. Vielmehr ist Till Eulenspiegel seinen Mitmenschen geistig überlegen und hält ihnen den Spiegel vor – wie sein Name schon sagt!

Till Eulenspiegel Geschichte

Überlege dir eine Till-Eulenspiegel Geschichte und schreibe sie auf. Denke daran, dass er immer alles wörtlich nimmt! Hier ein paar Redewendungen: Das Eisen schmieden, solange es heiß ist, Rutsch mir den Buckel herunter!, Etwas durch die Blume sagen, Die Katze im Sack kaufen.

Schleswig-Holstein-Quiz

Wie gut kennst du Schleswig-Holstein? Die Buchstaben mit Zahl von den richtigen Antworten benötigst du für das letzte Lösungswort!

1. Was bedeutet der plattdeutsche Begriff „plietsch"?	K	frech
	U	schlau und pfiffig
	Z	langweilig
2. Wie nennt sich Kiel...	G	Sailing City
	F	Stadt der Ideen
	K	Stadt am Meer
3. Was ist ein Priel?	I	ein Reinigungsmittel
	S	eine Pfütze im Wattenmeer
	C	der untere Teil eines Schiffes
4. Ein Heuler ist...	U	ein kleiner Seehund, der seine Mutter verloren hat
	M	ein weinerliches Kind
	V	ein schlechter Musiker
5. Das Haddebyer Noor ist	U	ein Moor
	K	ein Binnensee
	N	eine Flusslandschaft
6. Lübeck ist eine...	C	Landeshauptstadt
	K	Hansestadt
	L	Bundeshauptstadt
7. Wenn man einen Bernstein anzündet...	F	stinkt er
	C	brennt er
	Q	passiert gar nichts
8. Ein Salz-Prahm...	Ö	ist eine salzige Speise
	R	ein Schiff aus dem Mittelalter, mit dem Salz transportiert wurde
	D	ein altmodischer Salzstreuer

Nach so vielen Abenteuern und Entdeckungen fallen Nils und Nele glücklich ins Bett und träumen von den nächsten tollen Tagen in Schleswig-Holstein – ihre Welt wie sie Dir gefällt.

Anhang

Weitere Informationen zu den Regionen erhaltet ihr bei den folgenden Ansprechpartnern:

Schleswig-Holstein gesamt
Tourismus-Agentur Schleswig-Holstein GmbH
www.sh-tourismus.de

Nordsee
Nordsee-Tourismus-Service GmbH
www.nordseetourismus.de

Ostsee
Ostsee-Holstein-Tourismus e. V.
www.ostsee-holstein-tourismus.de
www.holsteinischeschweiz.de

Herzogtum Lauenburg
Herzogtum Lauenburg Marketing & Service GmbH - erlebnisreich
www.hlms.de

Binnenland
Schleswig-Holsteinisches Binnenland e. V.
www.sh-binnenland.de

Städte
Marketingkooperation Städte in Schleswig-Holstein e. V.
www.sh-staedte.de

Qualitätsgeprüfte Unterkünfte findet ihr auf www.wunnerland.de sowie bei:

**Deutsches Jugendherbergswerk
Landesverband Nordmark e. V.**
www.jugendherberge.de/nordmark

Arbeitsgemeinschaft Urlaub auf dem Bauernhof e. V.
www.landsichten.de

Verband der Campingunternehmer Schleswig-Holstein e. V. (VCSH)
www.vcsh.de

DEHOGA Hotel -und Gaststättenverband Schleswig-Holstein e. V.
www.dehoga-sh.de

Wie gut kennst du Schleswig-Holstein?

Du hast alle Rätsel in diesem Buch gelöst und die Buchstaben eingetragen? Super! Dann bist Du ein echter Schleswig-Holstein-Spezialist und kannst – genau wie Nils und Nele – allen Deinen Freunden von den spannenden Dingen erzählen, die man hier in Schleswig-Holstein entdecken und erleben kann.

Unsere Welt, wie sie dir gefällt!

| 1 | 2 | 3 | 4 | 5 | 6 | 7 | 8 | 9 | 10 | 11 | 12 | 13 |

M(1)U(2)S(3)C(4)H(5)E(6)L(7)S(8)U(9)C(10)H(11)E(12)R(13)

Abbildungs- und Fotonachweis

Altenkamp, R. S.27; Andress, Dorina S.26; Benjamin, Feron S.26; Böckmann, Sven_Herzogtum Lauenburg S.106; Brügge, Steffi S.13 o.; Buschmann, M. S.28 u.; Die Lübecker Museen S.91; NIVEA S.15; Eckernförder Touristik & Marketing GmbH S.88, 89, 90; Erlebniswald Trappenkamp S.72; Flüß, Miriam S.61 o., 62; Franke, Oliver S.82; Höfinghoff, Constanze_www.nordseetourismus.de S.31; Howaldt, Jürgen S. 52; Karl-May-Spiele_Bad Segeberg S.97; TASH/Koenig, Jens S.13 u., 14 u., 25 o., 28 o., 66; Krok, Pavel S.53 r.; List, Arne S.83 o.; Liszka, Mirella S.40 l.; Noctalis S.96; Ostsee-Holstein-Tourismus e.V. S.71 o.; photocompany S.105; Riebling, Lukas S. 51 u.; Rønning, Arnstein S.25 l.; Rudolph, Frank S.40 r., 46, 47; Sanchez, Luis Miguel Bugallo S.26; Seidlich, Alexander_www.nordseetourismus.de S.25 m., S.26; shutterstock S.70; Thiele, R. S.83 u.; Tolkiehn, G.U. S.26; Trepte, Andreas S.27 3x; Wehrmeyer, Ingken S.44, 45, 48, 49, 60, 63, 69, 93; Weinekötter, Tanja_www.nordseetourismus.de S.30; www.ostsee-schleswig-holstein.de S.14; Zell, H. S.50

Herausgeber Die **Tourismus-Agentur Schleswig-Holstein** (tash*) ist für das landesweite touristische Marketing im Land zwischen den Meeren zuständig. Sie bietet touristischen Partnern in Schleswig-Holstein einen umfangreichen Service in den Bereichen: Online, Public Relations, Vertrieb, Marktforschung, Auslandsmarketing, Messen, Themenmanagement und Zielgruppenmarketing. Das Angebot „wunnerland*" richtet sich vor allem an Familien – vom Badeurlaub an der Ostsee bis zur Radtour im Herzogtum-Lauenburg. www.sh-tourismus.de

Die Autorin **Ingken Wehrmeyer** lebt und arbeitet in Schleswig-Holstein. Die 1963 geborene Juristin absolvierte ein Volontariat beim Schleswig-Holsteinischen Zeitungsverlag und lernte in dieser Zeit die Außenredaktionen des Landes kennen. Seit einigen Jahren ist die Mutter von zwei Kindern erfolgreich als Online-Redakteurin und Autorin tätig. Ingken Wehrmeyer ist Mitglied der Autorengruppe „Roter Hering", die zusammen mit Tatort-Autor Felix Huby Drehbuchideen, Exposés und Treatments entwickelt.

Die Illustratorin **Iris Blanck** studierte Illustration an der Hamburger Fachhochschule für Gestaltung, arbeitete in einer Multimedia-Agentur als Screendesignerin für diverse Kinder-CD-ROM Produktionen und war grafische Leiterin einer Kinder-Trickfilmproduktion für das öffentlich-rechtliche Fernsehen. Seit 2004 arbeitet die gebürtige Hamburgerin als freiberufliche Illustratorin und Art-Direktorin.